U0684628

聆听大师的内心独白

荷尔德林书信选

[德] 荷尔德林/著
张红艳/译

名人传世信札 大师私人话语

中华工商联合出版社

图书在版编目（CIP）数据

荷尔德林书信选 /（德）荷尔德林著；张红艳译
. -- 北京：中华工商联合出版社，2017.10
（名人传世信札 / 金惠敏主编）
ISBN 978-7-5158-2289-1

Ⅰ.①荷… Ⅱ.①荷…②张… Ⅲ.①荷尔德林（
Hoelderlin, Friderich 1770-1843）— 书信集 Ⅳ.
① K835.165.6

中国版本图书馆 CIP 数据核字（2018）第 101094 号

荷尔德林书信选

作　　著：〔德〕荷尔德林
译　　著：张红艳
责任编辑：李　瑛　袁一鸣
装帧设计：北京东方视点数据技术有限公司
责任审读：李　征
责任印制：迈致红
出版发行：中华工商联合出版社有限责任公司
印　　刷：北京彩虹伟业印刷有限公司
版　　次：2018 年 8 月第 1 版
印　　次：2018 年 8 月第 1 次印刷
开　　本：787mm×1092mm　1/32
字　　数：130 千字
印　　张：8
书　　号：ISBN 978-7-5158-2289-1
定　　价：48.00 元

服务热线： 010-58301130
销售热线： 010-58302813
地址邮编： 北京市西城区西环广场 A 座
　　　　　　19-20 层，100044
http://www.chgslcbs.cn
E-mail: cicap1202@sina.com（营销中心）
E-mail: gslzbs@sina.com（总编室）

工商联版图书
版权所有　侵权必究

凡本社图书出现印装质量问
题，请与印务部联系。

联系电话：010-58302915

总　序

金惠敏

从来就有一个私语的世界，只要您认可人是社会性的动物。私人性与社会性永远相反而相成。

然而由于传统的宏大叙述的霸权，这一世界尚未充分展露，这种话语尚未得到足够的承认。今天，该是打破宏大叙述一统天下的时候了。无论从哪方面说，私人话语都具有与公众话语同等的重要性。而且在某种意义上，私人话语甚至更具决定性或优先性。

例如，如果把阅读和批评作为对另一个心灵的探问，与它碰撞、对话、交流，那么可能没有比通过书信（包括日记）等这类被宏大叙述视为次文本更捷径的方式了。在所谓的正文本即通常所称的作品中，原作者之意盖不在表现，而在表演，即是说，在伪装自己，至少不是在直接地表现自己。如俄国形式主义者所发现的，"文学性即是陌生化"，即以造成某种接受障碍为美、为艺术或学术。现代主义大诗人艾略特因而特别宣称："诗不是表现情感，而是逃避情感。"面对公众读者，作者总是代表"理性""良知""社会责任"在说话；他总是把自己作为对象，耿耿于怎样给公众塑造一个完美的形象。而在书信中情况就完全不同了，由于面对的是亲朋好友，作者卸下了一切社会性面具，轻松随意地袒露出自己的本真面目。他是纯粹的主体，专注于倾诉，而不是把自己当成一件有待完成的艺术品。这里不需要精雕细刻、深思熟虑。

德国生命哲学家齐美尔断言："生命并非完全是社会性的。"与其差不多同时代的弗洛伊德把人的心灵划分为意识与潜意识。这里如果把作者的正文本比作意识，那么其次文本即书信等则是潜意识。而潜意识是水面下的冰山，要比显露出来的那部分巨大得多。要深入一个心灵的世界，仅知其正文本最多只是完成了一半的工作，而只有同时了解了他的次文本，才可能真正地把握这位作者。因此，美国现象学批评家有理由认为，对于游历一位伟大的心灵来说，书信、日记、便条、眉批、笔记等的作用绝不亚于其刻意创作出来的作品。

通过这一书系，我们试图证明书信具有独立的价值：它是抒情的、亲切的美文；它是作者内在的精神世界和情感世界的自然袒露；它是人类一种特殊的情感方式和审美方式。

简言之，我们的目的是培养一种与公众性阅读相辉映的私密性阅读。

为方便查阅，丛书在每封信前都加有提示性标题，或为作者原话，或为编译者的概括。

是为序。

译者序

张红艳

弗里德里希·荷尔德林（全名为约翰·克里斯蒂安·弗里德里希·荷尔德林，Johann Christian Friedrich Hölderlin，1770—1843）是18世纪末19世纪初德国著名诗人。1770年3月20日出生于内卡河畔的劳芬，父亲是当地一家修道院主管，1772年死于中风。1774年，年仅14岁的荷尔德林按照母亲的意愿进入丹肯多夫修道院的附属中学，尔后又在毛尔布龙修道院学习，1788年进入蒂宾根的教会学校，并在那里结识了诺伊弗尔、黑格尔以及谢林等人。荷尔德林于1791年在施陶林的诗刊上发表了他的第一篇作品。1793年从蒂宾根教会学校毕业的荷尔德林并没有像母亲期望的那样成为一位令人尊敬的牧师，而是选择了一种动荡而漂泊的生活，靠为人做家庭教师维持最基本的生计，同时进行文学创作。1805年荷尔德林的精神陷入崩溃边缘，次年他住进了在蒂宾根的一家医院，出院后直至1843年6月7日去世为止他一直生活在那里。本书所选书信分别出自荷尔德林生活的不同时期，但并没有收录1806年至1843年间的书信，因为生病后的荷尔德林在此期间所写的几乎全是给家人的简短问安信。

荷尔德林是一位孤独的人，他从未、而且也不愿意真正融入世俗生活。除了家人以外，他只有很少的几个挚友。在荷尔德林遗留的两百多封书信中，大部分是写给他家人的，其中又有八十多封信是写给他的母亲的。他与妹妹里克以及同母异父的弟弟卡尔一直保持着密切的关系，尤其是与弟弟卡尔，他们不仅是血脉相连的亲人，更是"心灵的兄弟"。

年少的荷尔德林迫于母命进入修道院，对于这个生性敏感而多愁的孩子而言，修道院里森严刻板的生活使他丰富而脆弱的内心世界遭受到无情的摧残，孤僻的性格使他与周遭的一切处于紧张的对立状态之中，加深了他与外部世界的隔阂。在他的一封写于1787年致青年时代的好友伊玛努埃尔·那斯特的信中，荷尔德林这样感叹他的命运："上帝赐予我巨大的痛苦……我是那么渴求能抓住欢乐的一瞬。"

与现实的对立使荷尔德林一再遭受生活上的挫折，尽管上帝赋予了他超乎寻常的天赋，但他却没有得到过任何值得炫耀的功名，他甚至对这一切都嗤之以鼻。在一封致诺伊弗尔的信中他这样写道，"我过于惧怕现实生活中的平庸和低俗……害怕现实会干扰我的自我……我害怕现实会干扰我用以把自身与他物联系在一起的那种内在的关切之情；我害怕我内心中的温暖和生活由于岁月冰冷的历史而变得冷却"，"从少年时代起，世界就把我的精神放逐到自我之中"。荷尔德林就这样从外部世界逃避开来，在文学与艺术世界里追寻人世间难以企及的神性的至高境界——无限与完满。

在经历心灵危机的时候，荷尔德林曾经试图向哲学求助，以期摆脱时常困扰他的、难以挣脱的困惑。在致席勒的一封信中，他写道："对我自身以及我周遭的一切的厌恶使我进入抽象之中。"尽管他也曾一度十分沉迷费希特以及康德哲学，但抽象的推理与判断与其感性的天性完全背道而驰，在抽象的领域与感性的艺术领域之间有一条无法逾越的鸿沟，他最终还是决意从抽象的领域中退出，回到缪斯的故乡，因为那里是"他的初恋"、他"青春的希冀"。

如果谈及对荷尔德林的精神世界产生过重大影响的人这个话题，席勒这个名字是无法回避的。在荷尔德林致友人的书信中有多篇写给席勒的信，从其间流露出的恭敬语气中不难看出他对席勒的敬重之意。但席勒的威名使荷尔德林感到自己时时被罩在阴影之下，为了不丧失在他看来生命中最宝贵的东西——自由，荷尔德林小心翼翼地与这位巨人保持着距离。

荷尔德林从未有过稳定的职业，做家庭教师是他最主要的生计来源，他曾对教育投入过极大的热情，为的是通过教育把人提升到一个更高的境界。他曾在一封信里这样写道："我一定要把孩子从其无辜的但却是有局限性的本能的状态，从天然的状态引领到一条他可能会走向文明的路上，我一定要唤醒他的天性，他更高层次的需求。"但学生在天分上的不足令他失望，他一次次地辞掉他的工作，辗转于各地的不同雇主，却始终无法实现他关于教育的理念。

追求"无限"的荷尔德林注定无法在现实中实现他的目标，他试图通过他的艺术创作把他的梦想告知后世之人。在一封给弟弟的信中他写道："我爱未来世纪的人类。因为这是我最幸福的希望，相信我们的子孙会比我们更好，自由终将来临，而美德在自由中、在神圣而温暖的光明中会比在专制的冰冷地带生长得更加繁茂，这信仰令我坚强而积极进取。"

由于荷尔德林的一些书信已经遗失，而且在尚存的书信中又有不少残篇，因此很难完全以此了解到诗人复杂而敏感的内心世界的全貌。这里选择的只是其中一些有代表性的书信，希望它们能有助于读者进一步走近这位伟大的诗人。

目　录

决心成为一个基督徒

致　纳塔内尔·克斯特林 [①]

令人敬仰的、甚为博学的、尤其是令人万分崇敬的助理神甫
先生：

　　您对我持久不绝的极度的友善与爱，还有在您明智地转
变为基督徒的过程中可能也起了不小作用的那些因素，在我
心中唤起了一种对您如此的敬慕与爱戴，坦率地讲，以至于
我只能把您视为我的父亲 [②]，而非别的什么人。您也许不会

---

　　① 　纳塔内尔·克斯特林（Nathanael Köstlin）（1744—1826）是
荷尔德林的老师，同时也是施瓦本（Schwaben）虔诚教派（Pietismus）的
代表人物。自 1775 年起在尼尔廷根（Nürtingen）做副主祭（Diakon）
和市第二神甫（der zweiter Stadtpfarrer），即助理 Helfer。在此信的开头，
荷尔德林称克斯特林为 Helfer，在译文中译者把这一职务译为助理神甫。

　　② 　荷尔德林的父亲海因里希·弗里德里希·荷尔德林（Heinrich
Friedrich Hölderlin）生于 1736 年，法学家，曾做劳分（Lauffen）修
道院教师，1772 年去世；他的继父约翰·克里斯多夫·戈克（Johann
Christoph Cok）生于 1745 年，曾任尼尔廷根的市长、议会议员，于 1779
年去世。

接受我的这一请求。特别是自我再次从尼尔廷根回到这儿以后，一些思考使我产生一个想法：人们何以能在他的品行中把聪颖、乐于助人和宗教联系在一起。我就无法做到这一点。我总是摇摆不定。我会很快产生出许多美好的感动——它们也许是源于我天性敏感，但我只会变得更加易变无常。如果我现在是个真正的基督徒的话，那么在我心中一切都会是愉悦的，尤其是大自然会在这样的时刻（这种愉悦很少会长久延续）在我心中留下格外生动的印象，我想这是真的；但我无法容忍在我周围有别人，我只想永远孤独并且似乎是在鄙视人类；最微小的事都会令我心绪不宁，我随即变得更加轻狂。如果我聪明的话，我就会变得阴险，那么一丝一毫的伤害似乎都在证明人类有多险恶，多凶残，所以必须得提防他们，丝毫不要亲近他们；如果反之我克制这种敌视人类的本性，那我会力图喜欢人类，而不是上帝。您看，最敬爱的神甫先生，我是如此摇摆不定，我的所为已逾越了适度的目标。特别是在今天（星期日），我反思我一直以来抵触上帝和人类的行为，并且下定决心成为一个基督徒而不是一个变化无常的空想者；要聪明但又不要虚假和敌视人类；要喜欢人类，而不要仿效人类的恶习。我确定无疑，上帝将通过他的精神使者来指引我。现在，我恭顺地请求您，最敬爱的神甫先生，做我的引路人、我的父亲、我的朋友吧（很久以来您确是如此）！请您允许我把影响我内心的任何事情和我在知识上的所有长进都向您汇报。您的教诲、您的忠告和传授知识，这一切会满足我全部世俗的希望。我确信，我的一腔真情表白不会成为您的负担，您会把这种信任看成我对您的仰慕和爱的表示。如果您在我的这些想法中发现不对之处，请您指正。就此住笔。

顺致崇高的敬意！

您恭顺的臣仆

荷尔德林

大约 1785 年 11 月，丹肯多夫

孤僻而敏感的性格难以与人相处

致　伊玛努埃尔·那斯特 [①]

最好的人：

　　你对大自然有如此之多的感受，这真是太好了—我过去总不揣冒昧地认为，我们的心在一起跳跃—但我现在对此确信无疑。但你肯定不会想象你何时能和我这样心有灵犀。噢！不！亲爱的！当一切在我身上都面目全非、自相矛盾的时候，你也不必惊异。我想对你说，在我的孩童年代，在那时我的内心中就已产生这种情绪的萌芽，—这也是我最喜欢的—它像蜡般柔嫩，有时我会在某种情绪中因为任何事而流泪，原因就在于此。我在修道院的时候，恰恰是我心灵的这部分遭到最残暴地蹂躏—就连好心风趣的比尔芬格 [②] 也会因为带有

---

　　① 伊玛努埃尔·那斯特（Immanuel Nast），荷尔德林的朋友。

　　② 比尔芬格（Bilfinger），全名为克里斯蒂安·路德维希·比尔芬格（Christian Ludwig Bilfinger，1770—1805），荷尔德林的挚友。荷尔德林曾向他献诗《致我的B》。

一点空想色彩的言论而骂我是傻瓜—从此以后，除此以外我又添了一种可悲的粗鲁的苗头，—我时常陷入愤怒的情绪中，却全然不知为了什么，在未曾受到伤害的时候我也会对我弟弟暴跳如雷。噢，你的内心却不是这样。我的心是这般恶毒—我从前是拥有一颗善良的心的—但他们却把它从我这里偷走了。我不得不常常感到惊异，你是怎么想到把我称作你的朋友的。在这儿没人喜欢我。我现在开始在孩子们中寻找友谊，但他们也令我失望。

比尔芬格可能是我的朋友，但他是因为太幸福了，以至于他才想来找我。你能理解我，他总是快乐，我总是垂头丧气，你也许会看到，这不会有什么结果。我可以对你说，我是这里唯一一个除了根据名字外不认识女人、不认识书记员或者了解其他属于毛尔布龙社交界的事的人。

我的长笛可能是我唯一的慰藉，但就连它也让我痛苦。每当艾菲伦和比尔芬格等人想一起办个私人音乐会高兴一下时，总喜欢空出一个位置，仿佛是说该叫荷尔德林来似的。你不会相信，有时我对欢乐也会失去兴趣，或者根本不想接受任何欢乐。由于烦恼，我不久前跟着我们助理教师的太太①跑进她的花园——我喜欢麻烦她多陪陪我——在那儿，姑娘们迫于管教，从我身边走过时第一次向我打招呼。你该看到的——我高兴得像个孩子似的——也有人向我打招呼了——这其实不是什么值得高兴的重要的事。

我还得和你说件事。你什么时候再去卡普，就找我结伴。我保证！

其间生活快乐，亲爱的兄弟，祝安好！这是个忧伤的清晨！

你的荷尔德林

1787 年 1 月某日凌晨 4 点，毛尔布龙修道院

我得给你寄去一个二重奏——除音乐会外我没有长笛独奏。我是凭听力吹奏的这些小品。

---

① 指的是教师助手及修道院医生的太太，她是伊玛努埃尔·那斯特的亲戚。

不喜欢诙谐史诗剧《新阿马蒂斯》①

致 伊玛努埃尔·那斯特

首先有个问题！你把自己归为特别崇尚写作艺术的那类人。比尔芬格兄声称，他在你最近的那封用羽毛笔写给我的信中发现了一个语义含糊的书写错误——他说，在"你亲爱的 L. Nast"中有个恶作剧，他想在我的名字上用这个恶作剧来报复我（因为不易报复我），并且让你小心，你可能也会遭报复。他会给你写"你亲爱的 B-r.②"这个 B-r 是什么意思，我也不清楚。现在言归正传。你问我喜不喜欢你的阿马蒂斯③，我说不喜欢。为什么？并非因为维兰德不

---

① 《新阿马蒂斯》创作于 1771 年，维兰德（Christoph Martin Wieland）的一部诙谐史诗剧。

② B-r. 是比尔芬格（Bilfinger）以及海茵里克（Heinrike）布莱希特（Brecht）的缩写，后者是那斯特在毛尔布龙的女朋友。

③ 指的即是维兰德的《新阿马蒂斯》。

是我的钟爱，也不是因为我更愿读一本不被讽刺打断的童话，而是——简单说吧——因为其中令人遗憾地出现了对于像我这样易激动的人来说不喜欢读的东西。噢，兄弟！你以为，我已读完大半吗？谢天谢地我的想象力还未受到玷污，我厌恶那位把纯洁写得令人面红耳赤的诗人。亲爱的，坦白对我说，当你倾听伟大的弥赛亚歌手[①]，或是读我们的舒巴特的盛怒的阿思维罗斯[②]时，或是读热情似火的席勒的时候，你难道不更愉快吗？在此折服于他的《菲斯科》和《阴谋与爱情》[③]吧！最终一位好姑娘——当路易丝就这样站在那儿，注视着没有偏见的永恒未来，想着我——我说的不对吗？

我总是想（当我想到那处情节时），要是我失去一位姑娘，我会变成一个蠢人，就像每次在不幸的时刻那样，

————————

[①] "弥塞亚歌手"（Messiasänger）是弗里德里希·哥特里普·克罗博斯多克（Friedrich Gottlieb Klopstock）（1724—1803），他的圣经史诗《弥塞亚》（*Der Messias*）于1748年至1773年间出版。

[②] "舒巴特的盛怒的阿思维罗斯（Schubarts wütenden Ahsveros）"指的是《永远的犹太人》（*Der Ewige Jude*），弗里德里希·丹尼尔·舒巴特（Friedrich Daniel Schubart）（1739—1791）的叙事史诗。舒巴特因其在《德意志编年史》中对社会的尖锐批评被卡尔·奥尔根大公于1777—1787年判决入狱达十年之久。

[③] 指的是席勒的两部戏剧 *Fiesko* 以及 *Kabale und Liebe*。

所以我只想读这处情节，读时我会轻松。我已经看到了你在嘲笑我。你在想，在人们喋喋不休地谈论失去之前，难道不应当做点什么？你愿怎么想就怎么想吧。我都能容忍。

想想看，我在学院的朋友西莫尔[①]有三封信都没给我回了，在信中我每次都向他要《布鲁图斯和恺撒》[②]。令人伤心，不是吗？

这家伙还拿了我的一些破诗，他要是永远不把这些诗给我寄回来，那他就再也别让我看见他。

向你的堂妹海茵里克·那斯特[③]小姐问好。她也向你谈起过毛尔布龙吗？她可能也认识布莱希特小姐？你认识她吗？

---

① 西莫尔（Hiemer）全名为弗兰兹·卡尔·西莫尔（Franz Karl Hiemer）（1768—1822），画家兼作家。可能是他介绍荷尔德林与舒巴特相识。西莫尔于1792年画了一幅著名的荷尔德林的粉彩画像，后者于1792年把这幅画像送给了他的妹妹作为结婚礼物。今天这幅画像还保存在马尔巴赫的席勒国家博物馆里。

② 由卡尔·莫尔（Karl Moor）为《强盗》（Die Räuber）写的关于布鲁图斯和恺撒（Brutus und Cäsar）的音乐二重唱。

③ 海茵里克·那斯特（Heinrike Nast），她为荷尔德林与路易丝的恋爱帮了很大忙。荷尔德林可能为她写过一首婚礼贺诗，这也是他出版的第一首诗，已轶失。

9

荷尔德林

1787 年 2 月 18 日，毛尔布龙

我不知道，就像在你的信中一样，也许在我的信尾也会发现书写错误，但我必须赶快完成。

奥西安^①的诗令人心旷神怡

致 伊玛努埃尔·那斯特

一个消息！一个美妙、令人心旷神怡的消息！我一直在研读奥西安的作品，他是一位独一无二的宫廷作家，荷马的强大对手。

朋友，你一定得读读这本书。那么你的山谷会变成科那山谷^②，你的天使山^③会变成莫温^④山脉的一座，涌向你的是一种甜美、忧伤的情感，你一定得读这本书，我不能再多说了。我定要带着这本书去尼尔廷根度假，在那儿我要把它熟读到半会

---

① 奥西安（Ossian），传说中古代苏格兰歌手。苏格兰诗人詹姆斯·麦克弗森（James Macpherson）于1760年至1763年出版了所谓的奥西安的诗歌，而诗集实际上涉及的却是麦克弗斯对加利民族诗歌的高超的模仿，其创作受到赫尔德与狂飙突进运动的影响。

② 科那山谷是奥西安最喜欢的山谷。

③ 天使山是一座俯瞰雷翁博格的陡峭的观望台。

④ 奥西安给苏格兰起的名字。

背为止。

　　我还不知道能否给你写信，至少在去的途中不行。我不知道写些什么，那位善良、双目失明的奥西安一直在脑海中对我吟唱。我的在学院的朋友[1]给我写信——当然是道歉——请求原谅，说他更情愿怀着歉意和沮丧待在家里给我寄音乐作品，你何时给比尔芬格和艾费伦写信？吓唬吓唬他们！（开玩笑）据说，有两个学生几乎每天都在管理处接待来访者，人们觉得甚是可疑。这些家伙硬是住在了助理牧师先生[2]那儿，我们可怜的比尔芬格在那儿很愉快。还有艾费伦，在他听番塔隆[3]的时候，他别无他念，我想，要是路西弗自己给他演奏番塔隆的话，他会随他而去的，那就更好了，因为那是一只天使（人们对我这样说——比尔芬格）。我在这儿没什么熟人，我还是更愿独处。这时我在脑海里翻来覆去地幻想一件事。当我幻想我失去了我的姑娘，被人唾弃、逐出家门时，觉得如此的凝重，以至我

　　　　———————

　　① 学院的朋友指的是弗兰兹·卡尔·西莫尔（Franz Karl Hiemer）。

　　② 助理牧师先生指的是克里斯蒂安路德维希·那斯特（Christian Ludwig Nast）(1763—1847)，自1786年起任毛尔布龙修道院的助理牧师，路易丝·那斯特（Louise Nast）的兄弟。

　　③ 番塔隆是一种乐器，锤击钢琴的前身。

有时都差一点儿哭出来。祝安好，兄弟！钟响了，我得去上课啦。

你的荷尔德林（像你一样满意）

1787 年大约 3 月 18 日，毛尔布龙

言归于好

致　伊马努埃尔·那斯特

最好的人：

　　终于又吵了一次！是怎么回事？我该吵架吗？的确，已有过一次前车之鉴，吵架只会使情况变得更糟。如果说我本想和你吵个不休，这也许不是真心话。迈尔克林①兄跟我说你们在一起相处得很快活，这令我欣喜。我和比尔芬格也相互走动，在一起过得很愉快。啊！那斯特不得不走了！你不是认真的，淘气鬼！招认吧！我也很喜欢这儿。我现在是这么孑然一人，总是这样宁静——这令我感到惬意，只不过令人遗憾的是，我离比尔芬格是这般遥远。我几乎不和任何人交谈，我反而越发想念各处的挚爱亲朋，这一时刻我是多么幸福。

―――――

　　① 迈尔克林全名为杰赫米阿斯·维廉·迈尔克林（Jeremias Wilhelm Mä-rklin）。

荷尔德林的诗篇手迹

你不想给我寄《阴谋与爱情》了吗？有人向我要这本书。

还有，你可能忘了我的留言簿。14天后你就会收到《布鲁图斯和恺撒》，我才是你真正的朋友。比尔芬格今天要给我寄维兰德的《墨丘利》[①]。

你的荷尔德林

1787年大约4月中旬凌晨5时，毛尔布龙

---

① 《墨丘利》（*Merkur*），是维兰德于1773年至1810年间主编的杂志，也是18世纪末期主要的文学杂志之一。

厌倦修道院的生活

致　伊玛努埃尔·那斯特

亲爱的兄弟！万分感谢你精彩的画和美妙的信！

你真该看到我当时的情形。我是在就餐时收到你的来信的，就在此时不幸的事发生了——尤其是在读到信末，你祝愿我前程似锦时，我不禁流下了眼泪——几滴泪珠滚落到汤里，而我却无法向坐在我身旁的比尔芬格掩饰我的泪水。但他一定觉察到了什么，他用他那种狡黠的眼神盯着我。千真万确！

你可知道，我是多么经常地想念你，常盼你能来我这儿。

噢，兄弟，兄弟！我是这样一个脆弱的人——但我只对你这么说。不是吗，当我读你的来信时潸然泪下，你不是嘲笑我，而是同情我。哎，我不得不向你承认，在我内心埋藏的话，比我近来向你倾诉的要多得多。相信我，上帝赐予我巨大的痛苦。我什么都不想说。你可能是在很高兴的时刻收到我的信，我可以想象得出，我的抱怨会让你扫兴。我知道，我是那么渴望能抓住欢乐的一瞬——当我拥有这一刻时，我力图牢牢抓住它——希望你能高兴起来。

在这儿我再也无法忍受！我一定得走，我已下定决心。要么写信给我母亲，让她把我从修道院接出去，要么让仆莱拉腾准我几个月的短假，因为我时常吐血。你看吧，朋友，我要渐渐不行了。

放心吧！！！别为我担心！！！

你的荷尔德林

1787年夏，毛尔布龙

万分感谢你的可爱的阿波罗，它给我带来了一些欢乐的时光，我一定天天看它！

与路易丝·那斯特 [①] 的恋情既幸福又恼人

致 伊玛努埃尔·那斯特

最好的人：

此刻我什么也说不出来。要是我在你身旁，我会千百次地呼唤最亲爱的人，会为最好的朋友流下高兴的泪水。是的，兄弟，我穿越半个世界，也找不到一位比你更好的朋友。以我们的友谊作证！找不到。亲爱的，这次你的信令我无比高兴，这一定是天意。当时在我面前有很多未拆封的信，我母亲来的，我亲爱的弟妹们的，朋友们的，但我首先冲到你的信前，不信问问比尔芬格，就像是要把信吞了似的，拆的时候差一点儿把信撕成两半。我得到的比我最热切的期望还多千百倍。亲爱的朋友，那一刻我深信不疑，人类的爱和友谊是尘世间最大的幸福！我想立刻坐下提笔回信，但却想不出

---

① 路易丝·那斯特（Louise Nast）（1768—1839）是荷尔德林青年时代的恋人，伊玛努埃尔·那斯特的堂妹，毛尔布龙修道院的主管约翰·康拉德·那斯特（Johann Conrad Nast）最小的女儿。

一个词。

但我却有这么多话要写给你，亲爱的人！

先谈谈西莫尔！听听看，他最近给我写的东西："你想要我的诗？好，这儿就有一首。"他是一个狂野不羁的青年／按照自己的意志制定法则／常常东奔西跑／我总是担心，他想把臂腿跑断／他像罗马人那样滥用伟大的心智、对祖国的爱和自由意志／可惜我无法把他置于任何典范的社会，这让我有几天夜不成眠／这个青年／他根本不想依附……"他就这样继续写了好几页！现在听听看，他是如何变得更真挚的："你是我的朋友，"他说，"你能开诚布公——这我知道！也为你的 H. 挤出几个钟头，也以批评家的方式读读我的作品——该指正的地方就指正，把你不太喜欢的东西写下来，快点！！！把你的这些意见也寄给你亲爱的那斯特——除此之外别无他人——你一定在撒谎——或者他比你我更重要。给他寄去，也请他做一下我请你做的工作，让他把每个想法都写下来。你一定不要以我的名义请那斯特。他不该知道，他是在给我写评判，你听到了吗？这样他会更严厉，更不带成见。我希望，他的意见会对我益处颇多。"我觉得他的建议没有必要。我知道，亲爱的兄弟，你会怎么想就怎么写。不要奉承恭维。

我也想对他当面提出批评指正，否则他会突然向我宣布终止他的友谊。要严厉一点！我们想如此挚诚地把我们自身牢牢地置于我们的批评家的三脚架①之上。该挖苦的地方，就得讥讽讥讽他。这样我们才是他最亲密的朋友。我下次把这首诗原本的草案——方案——他为自己定的独特的法则——寄给你。

听一听他写的有关英雄的句字：

"你会谴责我，应该而且必定会谴责我恰恰是那个急躁易怒、充满复仇欲、爱冒险的特兰克，就像人们有权赋予他那些头衔所叫的那样，我恰恰在歌颂这家伙。原因是因为，我不想把伟大的英雄（特兰克根本不算）写进一部练笔用的习作中。简而言之，我请你更多地看诗，而不是题材本身。"

我就说到这儿，下次再给你多写一些有关的事。快点把你的看法寄给我——关于每页的意见。那么他爱你会胜过一切——你会看到的！但现在，亲爱的，你在想什么？我该住笔吗？不！不！我不能。你一定得知道，对我内心那隐蔽的一隅，我戴假面具已戴得够久了。你会生气，兄弟，但你知道原因，会谅解。

———————

①　批评家的三脚架在此是以挖苦的口吻影射得尔菲（Delph）的阿波罗女祭司皮提亚（Pythia），她坐在一个三脚架上传达神预。

是她——你一定猜到了——你会一下子就在有关爱的第一个词中猜中的——否则在这儿还能有谁是我曾经爱过的人呢？要是在这儿还有千百个人——我向你发誓，兄弟——如此忠贞，如此温存，如此全身心地对我而别无他念，除了她以外，你再不会找到别人。这你是知道的。要是"除……以外"这个词不存在，你会生气的，而且对我是不公平的。但我该从哪儿开始呢？我该不该把我们快乐而又痛苦的日子全都讲给你听呢？我想讲，但会一发不可收拾了。

我来到这儿看她，她也看我。我们俩都打探另一个人的性格（就像通常情况下那样），路易丝也许只是碰巧这样问问，俩人都问你的好堂兄，助理教师的儿子[①]，他那时也在这儿。

我不想向你描述我们的恋爱进程。你亲爱的好堂兄在我在这儿的头一个月就给我们介绍撮合。那时我的内心是那么激情翻涌，我几乎说不出话来，我浑身颤抖，结结巴巴，几乎无法对路易丝说出那个词。这你是知道的，兄弟，对这一情形你自己也有同感。你的堂兄很快就走了，糟糕的日子来了。我以往和这个可爱的姑娘在一个场所攀谈，那时如果事先不约好我就不能和她谈话。我们不信任任何人，也找不到

---

① 助理教师的儿子指的是克里斯蒂安·莱恩哈特·那斯特（Christian Reinhard Nast），他是毛尔布龙修道院助理教师的儿子，伊玛努埃尔·那斯特的堂兄，介绍荷尔德林与路易丝·那斯特相识。

合适的场所，我们就一直回味那些时刻，一直沉浸在那些支支吾吾倾吐出的话语中，有一个多月几乎隔绝断交。噢，兄弟！兄弟！那是些可怕的日子。无名的痛苦，从未体味过的狂躁撕扯着我的心。而后，妒忌掺杂进这场游戏，嫉妒的对象是比尔芬格。他对一切全无所知，也是路易丝的崇拜者。我得知了此事，便把她对我的疏远当成一种有意的回避，终于找到机会，把我能想起的最无聊的事写给她，随时随刻对比尔芬格大发雷霆，比[1]不知道这无法理解的敌意从何而来，善良的路[2]也不知道无稽之谈该做何解释。在我极端狂怒的时刻，我向比和盘说出了一切，他自愿对她断了念，尔后再没跟她说过一句话。我们的友谊就这样产生了。我很快又在我们第一次会面的地方和路易丝攀谈。她害怕地问我想怎么处置那封信。我不知所措，她更加惶恐，这的确是一个美妙至极的时刻，我们轻松愉快地分了手。就在这一时刻，你来到这儿，我成了你的朋友，我曾背弃你而投向她。狂躁的情绪一直在折磨着我，我因为无法确定她是否确实爱我而流过些眼泪。我很少去找她（总是悄悄地），这常常让这位可爱的姑娘担心。她在我面前很拘谨，因为她不了解我，

---

[1] 原文在此是用 B.，是比尔芬格名字的缩写。
[2] 路易丝名字的缩写。

这难道不是她美丽的心灵中令人敬佩的品质吗？夏天来了，我的路易丝和我的苦难也随之而来，上帝啊！兄弟，兄弟！我再也不想置身于那些日子，在那些日子里我内心中生出了对我命运引航人的怀疑，我不想向你讲这些疑虑。仁慈的主，是他把她给予了我。我用泪水和夜间的祷告表达悔意。人们很快察觉出我的苦恼，在整个修道院中，我被说成是危险的多愁善感的人。路易丝听说了此事，她的忧愁和我的一样多。我夜不成眠，白天无心做事，常压抑我的感觉。当我给你写信时，我在想，你也许会笑话我——我对所有人都怀疑。如果你想的话，就问问我令我们痛苦的缘由——所有这些缘由你都该知道，它们对你是微不足道的。当我再三思量这件事时，我对此也无法理解。现在别再提那些伤心的日子了。在那忧伤的一个月中，当我和我的路易丝一同哭泣时，我拥有了无比快乐的一刻。为此我感谢上帝！说到底要为所有的一切——为所有的苦痛，所有的追寻，所有的泪水而感谢他。在忧伤的日子里，我只是头几个星期里有过疑惑（对永恒的上帝低声抱怨），那时我还不习惯忍耐。亲爱的，你知道吗，当去年夏天你告别时，我的内心是多么地起伏不宁。我看到了你起伏的心绪，你很惊奇。我和你告别，就像是永别。亲爱的好兄弟！我看到你是怎样重新又奔向你的雷翁博格，听到你那么心醉神迷地谈论着高兴的日子和无比幸福的时刻。那时，在这个广袤的世界中，我不知道在何方能找寻到满足。现在我又重新失去了你，和你在一起我就忘却了痛苦。我看到，我的命运越来越不祥，我的心灵越来越脆弱，我的身躯越来越虚弱（你还记得，我吐过几次血），而这也许就是我没讲明原因就和你分别的缘由。兄弟，你还记得吗，当我们一同去于尔布恩的时候，我是那么兴高采烈。当时，我正和她在一起。我看到她在我们身后走进花园，我离开大道，跳过山墙。你能想象得出，和她在一起我的心情如何，因为我正和你们在一块儿。因此我让你们等我等了很久。我终于完全满足了，除了有时在追忆这些苦痛的时候，我的眼睛还会变得黯然神伤。那么现在，最亲爱的朋友，现在我是世界上最幸福的人。让一切顺其自然吧。我永远、永远爱我的路易丝，我的路易丝也永远、永远爱我。噢，你还不完全了解她，兄弟。在聚会的时候我注视过她，我在她的女伴们中打量她而不让她有所觉察。噢，她和我在一起时完全是另外一个样。当她和我一起向上帝乞求幸福的未来时——兄弟！兄弟！——当她神情恍惚地抓着我的手——"当我再也无法这样长久地注视你"——当我想起这无比幸福的时刻，我高兴得浑身颤抖。她，这个可爱的人儿，曾向我承认，她从前一度很轻率，——她现在完全变了一个人，如此虔诚，如此忠诚，如此温存——我想没日没夜地写下去，想向你倾吐我内心的全部。现在确已是深深的子夜了。你可能会相信，倦意渐渐袭来。

　　向你的令人敬重的女友说一切我该说的话。感谢她对我的友好思念。这谢意从你的嘴里说出比用我倦怠的笔写出会更温暖、更美好。睡个好觉！

你的荷尔德林

1787 年 11 月，毛尔布龙

骨肉亲情

致　弟妹们

最亲爱的弟妹们①：

你们已经向你们亲爱的祖母②和妈妈表达过许多美好的祝愿了——衷心地对她们在过去的一年中给予你们的许多体贴入微的关怀和操劳表示感谢——不是吗？亲爱的弟妹们，

---

① 荷尔德林有四个弟妹早年由于疾病而夭折，有两人活了下来：玛丽雅·艾蕾鸥诺拉·海茵里克（里克）·荷尔德林（1772—1850）（Maria Eleonora Heinrica ［Rike］ Hölderlin），她于1792年嫁给住在布劳波伦的神学院教授布面伊林（1752—1800）（Breunlin），并在他死后搬回尼尔廷根和母亲一起居住；卡尔·戈克（1776—1849）（Karl Gok）是荷尔德林同母异父的弟弟，由于经济原因他不得不辍学，但却凭借自己的努力从书记员干起最终成为斯图加特成功的枢密顾问和专业领域的参事。他撰写了很多关于葡萄种植的专著和关于符滕堡地区早期历史的著作。虽然是同母异父的兄弟，但荷尔德林与他的手足之情却是由衷的。

② 指荷尔德林的姥姥 Johanna Rosina Heyn（1725—1802），她也像他的母亲一样守寡多年（自1772年起她开始守寡，之后主要和她的女儿即荷尔德林的母亲住在一起，关心荷尔德林的教育），但却一直用自己微薄的收入资助荷尔德林，他们之间的感情十分深厚。

那时你们也想起了我并祝愿我，我知道你们爱我，并且你们也向我证明过你们爱我，因为你们最近给我写了这么多的信。现在我也想出自热诚的手足之心向你们致以衷心的问候——顺从并热爱伟大的上帝——如果我可以请求的话，要在一切所作所为中顺从并爱戴你们亲爱的祖母和妈妈——也要爱你们的哥哥，就像你们一直以来那样爱他那样，他也爱你们而且会永远爱你们。亲爱的海茵里克，亲爱的卡尔——要是我现在能有时间和你们在一起并且亲吻你们就好了——祝你们彼此永远和睦，在你们愉快地在一起的时候也想念一下我。

爱你们的哥哥

荷尔德林

1787 年 12 月底，毛尔布龙

问候

致　母亲 [①]

最亲爱的妈妈：

又有一个请求。您会得知，现在公爵 [②] 的生日马上就到了，在这儿会很隆重地庆祝他的生日。在音乐的伴奏下，主教、先生们、女士们、小姐们、学生们和书记员整个下午在一起聊天、朗诵诗歌，晚上他们张灯结彩。因为现在除我们以外所有的人都在操办着吃的和喝的，所以我们就坐在一起，比尔芬格、艾非伦、黑斯勒、迈尔克林和我，此刻我能否要几杯葡萄酒呢，亲爱的妈妈？恭敬地感谢您寄来的东西。鉴于您的建议，我实在对您的聪慧惊叹不已。当我 60 岁的时候，

[①] 荷尔德林的母亲 1766—1772 年与海茵里希·弗里德里希·荷尔德林（Heinrich Friedrich Hölderlin）即荷尔德林的生父生活在一起。在丈夫去世后改嫁给约翰·克里斯蒂安·戈克（Johann Christian Gok），1774—1779 年在一起共同生活。

[②] 指符滕堡的 Karl Eugen（1728—1793）。

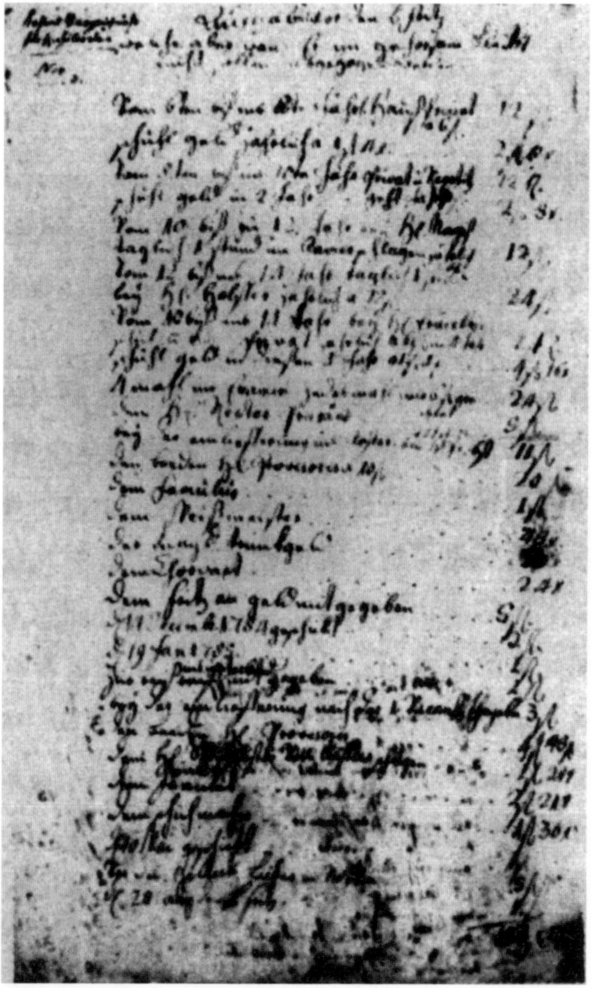

母亲的簿记：《L. 弗里兹的开销》

我可不会这么聪明。万分感谢里克的信。这次我事务繁多，
实在没空多写了。

您的荷尔德林

1788 年 2 月 11 日前夕，毛尔布龙

下次您会读到我足够多的内心矛盾。

帮助罗塔克尔

致　母亲

最亲爱的妈妈：

对不起，上次邮差来的时候我没写信。您可能想到了，我通常写信的日子恰好是我们公爵的生日庆祝会。我有幸在庆祝会上作为诗人登场亮相。

因为我这次想给您寄些比我的诗歌更令您高兴的东西，所以我想把诗留到邮差下次来时再寄。您最近这么挂念我的健康。我可以向您保证，我整个冬天都没犯过小血管痛。但您在饮酒的时候会越发温柔地、母性地挂念我。我想在您不认为我自负的情形下向您出示一个显而易见的证据，即您不必为我的性格中诸如此类的东西担心。信是罗塔克尔神甫在豪森或费莱纳写的。我一定要把整件事向您讲一遍。罗塔克尔①很贫困。这里的几位知道此事并想在不被知晓的情况下帮助他的女士们，想把这项任务交给我。这一高尚的举动感动了我。我惭愧地打算做些类似的事。但我的财力无法成全这项善举。但是我想，如果我劝他远离衣衫褴褛的人们，如果我在他的工作中支持他，尽我所能教授他科学知识（因为教书毕竟曾经应该成为我的主业），我想这不会像给予他金钱和衣物的援助一样令上帝高兴。其余的您会从信中获悉。我还得插一句，罗塔克尔那时生活在最差的社区。主教给他父亲写信，他迫于他父亲的催促怀着悔意向他坦白了一切。原话是说他完全变成了另外一副样子，而且这得归功于我。亲爱的妈妈，而这种事通常别人是不知道的。人们会嘲笑我，说我为了满足我的虚荣心滥用了我所履行的义务。我只给您写这些，因为您是这样一位温柔体贴的母亲。

替我千百遍地感谢亲爱、善良的卡尔寄给我东西。如果我不是有半打信要回的话，我会给他和海因里克写信的。

----

① 指 Ferdinand Wilhelm Friedrich Rothacker （1770—1793）罗塔克尔神甫的儿子，荷尔德林曾试图影响他但却不太成功。

当这封信到的时候，您可能已经把麻布手巾寄出来了。我很着急。

您恭顺的儿子荷尔德林

大约 1788 年 2 月 17 或 18 日，毛尔布龙

坠入爱河并对恋人路易丝表白真情

致　路易丝·那斯特

亲爱的！我们是怎样的人呢？我觉得，我曾和你在一起的那一刻比任何时候都幸福，因为我和你在一起。当我蹬上山巅并且在我的双唇上还感觉得到你的吻时，我感到无可名状的愉悦。我激动地望着这个地区，真想拥抱整个世界。现在还是这样想。

路易丝，你的紫罗兰就摆放在我面前。我想尽可能长久地保留它们。

因为你在读《璘·卡洛斯》①，所以晚上当我没事的时候也想读读这本书。

我写诗写得昏头昏脑的。我得给老实的舒巴特寄个包裹。

每次在散步的时候我都在我的写字版上作诗。写些什么？你想想！是写给你的！致你的！然后，我再把它擦掉。

———————

①　《璘·卡洛斯》（*Don Carlos*）是席勒 1787 年出版的一部悲剧。

当我从山上下来看到你走来时，我确实这么干过。

噢！亲爱的！在你的小屋里你想上帝和我吗？你何时已经是那千百人中的唯一。

你妹妹威廉明妮小姐今天来吗？你已经把那封信寄给她了吗？或是才给她？我听说，她现在境况好些了。我也该让比尔芬格替我寄封信。但我看得等到明天才行。

要是我能永远像现在一样这么心满意足就好了。在任何情况下我都会继续爱你。当然，我现在的状况不是最糟糕的。要常想想我！你知道的，我和你永不分离。

你的荷尔德林

大约 1788 年 4 月底，毛尔布龙

甜蜜的爱情是孤独的人心中最温存的所想

致　路易丝·那斯特 ①

亲爱的人儿！收到了你的信。要是你能看到我是怎么为你那无法言说的甜蜜、令人幸福的爱的新示意涌出我内心深处欢乐的泪水，能看到我在那一时刻是那般由衷地体验到你对我多么重要，能看到我的时光重又这般明媚、宁静地流逝的话就好了。噢，姑娘！即使是在分离时，你的爱也是幸福。对你的小伙子而言，这种思念也是欢乐。因为每一时刻都在向我诉说，你也在这般思念着我，这几年的时日对你来说也将像对我一样的漫长。亲爱的，到复活节只还有 11 个星期对吧？只还有 11 个星期了，这么说当然很可笑。但我们就想这么自慰。然后，嗅，路易丝！路易丝！然后……我无法——列举出我在你的臂弯里期待的一切幸福——言辞只是言

---

① 荷尔德林从 1788 年 10 月 21 日起开始了在蒂宾根（Tü bingen）教会的学业，蒂宾根教会为他提供了准备做神职工作的奖学金。

辞，我更愿让你体验，这一期待是怎样让我心潮澎湃。你是否还记得我们最后一次见面时说过的那些甜蜜的话语？它们是否深深根植入你的心灵？噢，路易丝！它们是我在孤寂中唯一的所想，是我在那些幸福的、献给你时光中唯一的所为。

噢，你的梦？亲爱的好姑娘，我是如此的幸福！要是我能在你的双臂里向你倾吐我充溢着快乐的内心，那我会幸福多少分呢！当我想到我是那般耐心而且满怀着内心的渴望坐在那张小凳上等待，直到我看到那个可爱的人儿倚在窗前，想到你在这整个可爱的世界上除了荷尔德林，对一切都不屑一顾，想到你心里只有我，我是那么心醉神迷。路易丝！路易丝！当我看见你从家里出来走向那条十字通道，所有的一切都还是那么生动：那美丽、庄严的步态，那充盈着爱的眼睛朝上望着我——在你的脸上展露出的全是对幸福时刻的期待，天与地仿佛在宁静和暮色中消逝。善良的海茵里克[①]目前在你那儿吗？希望她曾给予过我们的友谊在她的新环境里得到千百倍的报答。以她快乐、乐于助人的心地，她和她丈夫一定会幸福的。你还能否记起在雷翁博格的幸福时光，你还能否想起所有快乐的时日？那些最炙热、最甜蜜的爱的时

---

① 此处的海茵里克指路易丝在雷翁博格的表妹海茵里克·那斯特（Heinrike Nast）。

光？噢，路易丝！是否在其他任何地方都再没可能如此亲近地置身于围绕在你身旁的善良的人群中？我是否还不配得到这些？这么幸福？亲爱的人儿，你也会幸福的！我在雷翁博格度过的那些日子太美妙了，难道我不该时常梦见那些日子吗？噢，只是要分别了！一种如此甜蜜的忧愁倾注我的内心，伴我走过整个归程。只是当我望着环绕尼尔廷根的山脉，雷翁博格前面的树林一个接一个地消失在我的身后时，最苦涩痛心的泪水夺眶而出，我不得不在那儿久久地伫立。我旅程的其余部分比往常更令人我伤心。

向你的姐妹们致以千百次的问候！也向考夫林小姐致意！让她企盼在新年之际得到一支灵巧的画笔。

睡个好觉，亲爱的姑娘！像往常一样地爱我！

你的荷尔德林

1789 年 1 月 19 日前夕，蒂宾根

请求心爱的姑娘谅解

致　　路易丝·那斯特

亲爱的、善良的路易丝：

　　我还从未像在读你的最后一封信时那般强烈地感受到你高贵心灵的价值，那么清晰地看到我与你的差距。希望我能跪倒在你的脚下，请你宽恕我因为自己情绪迷乱而令你感到片刻的抑郁。希望你能看到，当我想到我忧郁的情绪如此不可原谅地把我永远对你、而且理应对你的景仰抛到一旁，在那一刻我感到我不配得到你那难以形容的高尚的爱。路易丝！路易丝！亲爱的、圣洁的姑娘！你还这么热烈地爱我吗？在我确实有些忧伤的时候你还会温柔地抚慰我吗？每天、每日都有新证据表明我是多么想你。我越是常读你的信，你的信对我来说就越发珍贵。我不会遗漏你爱的每个词语以及让我彻底看到你美丽心灵的任何音节。噢，亲爱的上帝！当我们永远和谐地生活在一起的时候，那会是怎样幸福的日子！路易丝，那时我从你身上会得到什么呢？在抑郁的时刻你会让我快活；你会把我不得不背负的重担变得甜蜜；当我受伤害时，你会帮我和世人和解；你将是我的一切的一切！噢！我是如此幸福！从现在起我向你保证，可人、可爱的姑娘，从现在起，如果我再写充满敌意的信，我就永远不再是你的荷尔德林了。愿这个下午成为永恒的时刻！亲爱的人儿，我本想把你最后一封信重读一下，拿在手中的却是一封稍早的信，尔后又是另外一封信，直到我把所有的信通通读了一遍，甚至第一封信也读了。你当时写道："你拥有我整个的心。"噢，上帝！我依然还拥有它！在经历了这么多对你的考验之后，在你不得不为我忍受这么多苦难之后，我依然拥有它——这颗宝贵的心，难道不是吗，亲爱的路易丝！我会永远拥有它。我一定把它珍藏在心。当我想到我拥有你的心，回想起往昔的所有欢乐时，我就变得温柔如水。当你想起这些，你可能也是如此。我的里克已经到这儿五天了。我比往常出门要多些。她前不久对我说，她也在星期聚会上结识了韦贝尔小姐，而且她们在一起很快成了好朋友。我感谢这个善良的姑娘，她很关切我们的命运，还写信给伯姆小姐告知杜腾霍夫小姐的不友好（此后的事你可能知道）。你了解世态炎凉，人们把这种做法叫作有失慎重。如果我们家的一个人与他不认识的你们家族的人说了些恭维话，我就得找机会说说奉承的话，那你就会知道，我是不情愿而为之。我是不可能给杜腾霍夫小姐好脸的，所以宁愿不再去她那儿。前不久我不得不陪我妹妹去她家，我就像是坐在炭火上，直到告辞了才好。另外我这次想到了比尔芬格，人们不必为此操心。希望此地认识你的那些姑娘们因为我的原因知道此事，所有的人都肯定会认为他是幸福的。此外这让我的自负心理得到满足。这里附上我的剪影。如果再不像我，我该抱歉。生活幸福，亲爱的路易丝！永远别忘记我。

你的荷尔德林

1790 年 1 月底，蒂宾根

与好友诺伊弗尔 [①] 以及马格瑙 [②] 志同道合

致 母亲

最亲爱的妈妈：

收到您亲切的信简直无法形容我有多高兴。寄出的东西应该已经收到，支出账单也应陆续收到。

对吕莫林表示遗憾。我想在他那种情况下，恰恰当他认真改好的时候，对他的处理可能过于严厉了。确实说不清是在何种压力下颁发奖学金的。如果我今年夏天能去尼尔廷根做个短暂的拜访的话，讲这些事就会容易些。另外，我向您

---

① 诺伊弗尔，全名克里斯蒂安·路德维希·诺伊弗尔（Christian Ludwig Neuffer），1786—1791 年在蒂宾根教会学习。他与荷尔德林以及马格瑙一起组织了一个诗社。有 10 余年之久诺伊弗尔是荷尔德林最重要的朋友，同时也是这个时常陷入窘境的人的精神支柱和避难所。起初荷尔德林对诺伊弗尔评价甚高，后来对他的态度开始有所距离而且也更为客观。1800 年以后，两人的友谊逐渐淡漠。作为诗人的诺伊弗尔属于施瓦本古典主义，但没有太大的成就。

② 马格瑙，全名为鲁道夫·马格瑙（Rudolf Magenau）（1767—1846），而后成为助理牧师和牧师。

保证，我和我的朋友们生活得无忧无虑，要多满意就有多满意，特别是和诺伊弗尔以及马格瑙在一起的时候。我们伏案苦读，并非因为我们不得已而为之，而是因为随着时光的流逝，学习的乐趣也与日俱增。我们在这儿遭受的虐待比别人少。我们三人比其他任何人都拥有更广阔的领域，因为如果缪斯的儿子们只是献身于哲学和神学的祭坛，那缪斯也会哭丧脸的。此外我还有候选人的事①。这使我想起要请您，亲爱的妈妈，在下次邮差来的时候提醒我别忘了给您寄去我作为候选人至今年夏天的开销费用单据。这是司空见惯的。我觉得这习惯很好，因为您得在一定程度上量入为出。

给里克的信我马上就写。因为在洛伊特林根博士答辩之后我才从邮差那收到她的信，而那邮差恰好刚要走。

祝安好！

您最恭顺的儿子

弗里兹

1790 年 6 月 15 日，蒂宾根

---

① 指为在 1790 年夏末进行的硕士考试做准备。

穷尽自己的所能去创造是人生的乐事

致　妹妹

亲爱的里克，早晨好！

我这次肯定要被你搞得精疲力竭。由于长时间守夜，我的脑袋今天早晨昏昏沉沉，以至于我在写字时要用尽全身的气力，更不用说我写的话语应该像你的来信一样充满欢快的情绪。你在写信的时候所遭受的像是顶着好几个沉重的脑袋的不堪之苦（我现在的确处于这样的困境中）会令我心疼的。小妹妹，你千万别这么做！

今天我们有个很大的集市日。我不愿让自己被喧闹的人群推搡得东倒西歪，而会和黑格尔一起去乌尔姆林小教堂散步，那儿的美景闻名遐迩。他现在就在我屋里。

在我的小屋里我感觉如何？好极了，亲爱的里克。我的辅导老师是世界上最好的人。我的房间也是最好的之一，朝东，很宽敞而且就在三楼。我的七位同学都在楼上。我还不能对你说，我这儿比其他六位不相识的同学那儿更舒服。其他几个人也都是好人，其中有布赖耶尔 ① 和谢林 ②。

向卡尔转达我对他就任公民发言人一职的祝愿。要像得莫斯森内斯和西塞罗对他们的人民那样去做。希望这一幕能更长久一些。他应成为一个公正的人，在他的天性力所能及的每一时刻去思考和创造。听着，里克！这是一件美妙的事：学习的愿望可以吞没任何其他的愿望！相信我说的话。祝安好！万分感谢你的来信。生活快乐，里克！

你深情的哥哥

弗里兹

1790 年 11 月中旬，蒂宾根

---

① 布赖耶尔全名卡尔·弗里德里希·维耳赫尔姆·布赖耶尔 Karl Friedrich Wilhelm Breyer（1771—1818），后来成为历史学家。他是谢林 Schelling 的堂兄。

② 谢林 1790 年 15 岁的时候被教会录取。荷尔德林在尼尔廷根与他相识，他那时正在念拉丁语学校。

对上帝及永恒的信仰

致　母亲

最亲爱的妈妈!

　　您的善良令我惭愧。在善行方面我和您还相差甚远，您给予我很多机会来效仿您。如果在我的上一封信中流露出可能有悖于做孩子的敬畏言辞的话，请您原谅，亲爱的妈妈! 我是当真拒绝去蒂宾根旅行的。在我逗留的短暂期限内，我很难真正守候在您身旁，而获得较长的假期又无法得到批准。如果可能的话，我这个月就回来。这是我昨天（在星期日）做的布道①。这次比我的第一次布道要详尽一点。我愿意详细地阐述一个内容，其准确而精准的认识对我来说日益重要。其中一部分说的是，如果仔细考察便会发觉，没有对基督的信仰，就根本不存在宗教，就不会坚信上帝和永恒。一段时间以来，我比以往更执着地研究这一问题。我认为，有许多

---

① 学生们每天在午餐时要轮流做布道，每六周轮一次。

好的基督徒，他们并没有按照其完整的全部内涵来相信那句话。如果对他们解释这句话的话，他们并非不相信，而是因为他们没有具备从那方面认识基督教整体的必要性的能力。亲爱的妈妈，请允许我对您说我是如何渐渐地领悟到这一点。我饶有兴趣地研究了对世界的认识哲学的那部分，涉及的是对上帝存在的理性证明[1]（Beweiseder Vernunft）及其特征，我们应该从大自然中认识这一切。要是我在一段时间内产生了可能令您不安的想法的话，要是您了解这些想法的话，我不会感到害臊。我立刻预感到，对于上帝以及对于永恒存在的那个理性证明可能是如此的不完善，以至于它们才会遭到敏锐的对手[2]彻底或者至少是对其主要部分的抨击。在这一期间内我偶然发现了关于斯宾诺莎以及他自己写的著作。他是上个世纪的一位伟大而高尚的人，根据严格的概念该算作否定上帝的人。我发现，如果人们用理性、用那种被心所抛弃的冷冰冰的理性仔细地考察，如果人们想解释一切的话，就必定会得出他的那些观点。而我信仰的是心灵，对永恒、对上帝的渴求与这一信念毫不抵触。难道我们在大多数情况下不是恰恰会对我们所渴望的东西产生疑虑吗（如同我在我

---

[1] 荷尔德林这次所说的"对上帝存在的理性证明"指的可能是莱布尼茨－沃尔夫式的目的论哲学中的上帝的证据。

[2] 荷尔德林这里所说的"对手"指的首先是康德。

的布道中所说的那样）？谁能帮助我们走出这些迷宫？——是基督。他用奇迹来说明，他就是他自己讲述的那个人，他是上帝。他如此清楚明白地教授我们神性的存在、爱、智慧以及神性的万能。他一定知道上帝为何，因为他从内心与神性紧紧相连。他是上帝自身。

这就是一年来我对神性的认识过程。

千万次向我亲爱的里克和卡尔转达我的问候！他也该再给我寄点儿什么。如果亲爱的叔叔成为绿赫高的教士，我会高兴的。也许这就是我可能要过几年助理牧师生活的地方。万分感谢您的来信。

我是

您最恭顺的儿子

弗里兹

大约 1791 年 2 月 14 日，蒂宾根

青春的活力随着岁月的流逝而消失

致　母亲

亲爱的妈妈！

　　您关切地打探我的境况，我由衷地感谢您友善的关怀。但抱歉的是，肯定是我的信让您这样做的。老实地讲，我并不总是很好。尽管我非常保重自己，但有时候我在早晨时还是觉得身体内部绞痛，然后在下午是经常头疼。我的内心生活再也不会拥有青春的活力。我很少悲伤也很少快乐。当我们一靠近男人的年龄，就会失去旧有的生命力，我不知道，一般来说这是否就是性格的演进过程，或者应归咎于我的学业或是——我的修道院。然而我不该写这些事。最终是闷闷不乐。对未来的憧憬令我慰藉，现在也让我不乏欢乐。我认为，一切都会好起来的。我近来没有想过，一定可以拿家信向人展示。您不想发发善心，到下一个邮差来的日子特别为我写几行字呢——大概：您希望我因为一件详细的事说上几天的时间，这一变化可能对我不稳定的健康状况有益。

亲爱的妈妈！如果我可以再次与您面对面的交谈，这会令我很高兴的。——向亲爱的弟妹们问候！

您最顺从的儿子

弗里兹

大约 1791 年 11 月，蒂宾根

亲密无间

致 诺伊弗尔

亲爱的兄弟！

如果我的请求曾对你起到过一些作用，那让它现在也起作用吧！到我这儿来。我如此迫切地需要你。我的母亲等待着你，完全信赖我并把现在再次邀请你的任务托付于我。根特那也应该来。但我相信，他把这事给忘了。然而你可能要把你的工作和乐趣中断几天。

请向 D. 施陶林问候。我已完成了他的委托。枢密官比尔芬格想把离婚的角色分派给他。

在此期间你见过利波蕾吗？或是和她说过话？请给我写信。

请把随信附上的信尽快送交巴蒂蒂他住在斯皮塔尔教堂附近的探险顾问耶格家。

再见，亲爱的人。一定要来。

你的

荷尔德林

大约 1793 年 3 月 31 日，蒂宾根

关于友谊以及在修道院的生活

致　诺伊弗尔

我答应过你，亲爱的兄弟，这次一定写信。我要信守诺言。你对我又变得如此亲密，心灵的老友！看！我万分感谢我的命运，恰恰是在我的所有美好希望开始凋零之际，命运重又把你还给了我。我们的心如果没有钟爱它的人，就经受不起对人性的爱（Lie be zur Menschheit）。有多少次我们曾对自己说，我们的同盟（Bund）是一个永恒的同盟。这一切我竟然都忘了，我这个蠢货！真的，我是个小人，幼稚的举动曾让你我反目。其实那连最微不足道的纷争都算不上。你变了；你的心事使你变得如此游移不定；你不认识你自己；我何以把你认作那个曾是我最初友情的人，对我来说他的友情比我的初恋更可亲？你一定要再变成那个你，那个置身于我们共同的欢乐、希望和事业的幸福时刻的你，否则我们的友谊就会出问题。谢天谢地！我重新认识了你。我想，我们在大多数时候把它归功于仁慈的爱。你与哈夫那[①]的插曲一点作用都没有。她与罗斯林[②]一起来到尼尔廷根。她并未遭受忧愁的折磨。这是为了劝慰你说的话。她和罗斯林一起很快活。她们之间有很多胡闹的玩笑。我根本不喜欢她。她的天性也许很善，但不幸的是，这一可爱的天性却由于纵情和卖俏而大大受损。有点风趣和性感才完满！这是在彬彬有礼的外表后面驱动其本质的东西，除此以外别无他物。

你现在当然有更好的选择[③]。间或通报一下来自你的天堂的消息。这个地方荒凉而空旷，并且如同在将要到来的夏天一般干涸。就这么定了。

我的心目中的女王[④]还在你们那儿。我时常想念这位好姑娘。

对我来说，施陶林在这儿就是节日。如果某位老兄有一天能挣脱使他身心着了魔似的、极乐世界的魔圈的话，那会发出更热烈的欢呼。

---

① Christine Eleonore Hafner。

② Christoph Heinrich Röβlin

③ 指诺伊弗尔对 Rosine Stäudlin（1767—1795）的爱情，她是 Gotthold Stäudlin 的妹妹。荷尔德林在 1794 年把他的诗《朋友的愿望》献给她，《致一朵玫瑰》（1793）可能也是献给她的。

④ 指 Elise Lebret。

如果高尚可能造就低下①或者相反。可恶的经济状况也把我困在一个魔圈里（Zauberkreis）——困在我孤寂的小屋里。我不得不相当节俭。我清晨四点整起床，自己煮咖啡，然后工作。我常常就这样在我的小房间里待到晚上；经常和神圣的缪斯相伴，常常和我的希腊人在一起；现在又开始研读康德学说。祝安好，我亲爱的兄弟！下次我或许会给你寄去我的一部未完成的小说②，请你点评。你要是好奇，就在此间问问亲爱的博士先生③。我给他念过其中的一些章节。

你的

荷尔德林

大约 1793 年 5 月，蒂宾根

---

① Si magna licet componere parvis 引自维吉尔的 "Georgica"，正确的说法应该是：si parva componere magnia。

② 荷尔德林第一次提到他在创作《许佩里翁》（*Hyperion*）。

③ 指的是 Städlin。

征询友人对《许佩里翁》片段的意见

致 诺伊弗尔

你是对的，心灵的兄弟！这些日子以来你的守护在我近旁。确实如此，我很少如此确定并心怀宁静的喜悦感受到你对我爱的永恒。一些日子以来，甚至你的行为就像我相信的那样向我传达你的守护。我给我们的施陶林写过信，讲到目前我所拥有的某些极乐时光。看看，就是这样，你的心灵活在我的心中。我在感觉着你的安宁、你美好的满足感，你以此来审视现在和未来、大自然和人类。留存在我心间的甚至还有你用来展望我们美好目标的勇敢的希望。虽然我写信给施陶林：或许我的稻草的火焰早已硝烟散尽，而诺伊弗尔的宁静的火焰却会散发出越发耀眼的光芒；可这一切并不总是令我惊恐，至少在神圣时刻，当我从令人幸福的大自然的怀抱或者是从伊里苏斯河 ① 畔的梧桐树林中返回，当我置身在

①　雅典旧城南部的一条小河。

柏拉图的学生们中间，目光追随着这位圣人的翱翔，看他如何掠过幽暗遥远的史前世界（Urwelt），或是头晕目眩地跟随他坠入幽长的深邃，坠入精神王国的最遥远的终点，世界的灵魂在把它的生命发散进大自然的万千条血脉，奔流而出的力按照它们难以测算的周期回归自然，或者当我由于苏格拉底的酒杯和苏格拉底盛宴的令人欢乐的友谊而沉醉，聆听激情荡漾的年轻人们如何以甜蜜和热情的话语对神圣的爱表示敬意，爱开玩笑的人阿里斯托芬在其间打趣，终于大师——神圣的苏格拉底本人——用他神的睿智教导他们所有人，什么是爱——此时，我心灵的朋友，我当然并不那么沮丧，而且有时会认为，但愿我能把那甜美的、在这样的时刻温暖我、照耀我的那火焰的一丝火光传递给我的拙著（我真的生活在其中并在其中忙碌），我的《许佩里翁》，间或还能阐明某些东西，令人欢乐。

我很快发现，我的颂歌很少能抓住心灵更美的人[1]的心，这坚定了我去构思一部希腊小说的决心。我今天把作品的片段寄给我们的施陶林，让你高贵的女朋友们[2]点评，我的许佩里翁是否可以在那些比富于言辞和充满冒险的骑士[3]更令

---

[1] 指女性。
[2] 主要是指以施陶林的姐妹们为中心的圈子。
[3] 影射18世纪末出版的大量骑士小说。

我们感到愉悦的英雄们那里占有一席之地。我尤其重视你没有提起的那个人的评价。我希望，如下的内容应使她和其他人与一处关于其性别的生硬段落和解，那一定是许佩里翁发自内心的话语。亲爱的兄弟，你自己也要做一判断。我甚至在给施陶林的信中，用乏味冗长的篇幅详细说明了我希望从什么样的角度来看待这一片段之片段。我希望这次还能给你写一些其中最重要的部分。但时间可能不够了。就写这么多吧。这个片段看起来更像是诸多偶然情绪的一个大杂烩，而不是已被牢牢掌控的性格的深思熟虑的演化发展，因为我还未让理念和情感的动机彰显出来，之所以如此，是因为我更愿意通过理念和情感的画卷（为了审美的乐趣）来激活趣味能力，而不是通过有规则的心理发展来使理性活跃起来。当然最终一切仍必须回到性格和对其产生影响的情境上。我的小说是否如此，如下的部分会说明。

我挑选的也许恰恰是最没意思的那个片段。此外一定存在必要的前提，没有第一卷整个第二卷就不会完整，没有必要的前提会更难于欣赏如下的部分，这样的必要的前提一定存在。——你对诗歌的未知领域所做的如此美妙的评述用在小说上面尤其准确。不乏先例，却少有人闯入新的、美丽的国度，还有无穷无尽的领域有待发掘和研究！我向你庄严许诺，如果我的完整的《许佩里翁》不胜于这个片段几倍的话，我定会毫不吝惜地将之付之一炬。总而言之，如果后世的人不是我的评判者，如果我不能立刻以预言般的确定对自己这样说的话，那我会像你一样扯断我的每一根琴弦，将之埋葬在时间的废墟里。你的歌令我愉快，尤其是最后一段。不是吗，亲爱的兄弟！这最后一段属于这样的段落，人们在那儿掀起了被遮掩着的哲学诸神的面纱。正如我经常对你所说的那样，我想，我最妒忌你的地方是你清楚的表达。我竭力争取做到这一点。但如果你的歌进入你的赞歌的行列，那这位可爱的客人会拥有一副更为友好的面容。我几乎愿意相信，你这样处理这首颂歌，就像一些狡猾的人在玩打仗的游戏时会做的那样。在对手确实陷入陷阱之前，他不让自己被发现，然后用突如其来的胜利来加倍羞辱那可怜的家伙。我做好了最坏的准备。来吧！我把我的赞歌寄给了我们的施陶林。直到我完成这首诗为止，甚至直到我在那个令人难忘的下午①向你们宣读它为止，我都在迷人的光中审视它，现在这迷人的光已全然消失，我只能用希望来慰藉自己，很快用一首更好的诗来弥补它的缺陷。——期刊的进展究竟如何？——你给马

---

① 指1793年6月27日，荷尔德林为三位来蒂宾根看他的朋友（Neuffer, Stäudlin und Matthisson）朗读了 "Dem Genius der Kühnheit"。

笛迅 [①] 写信了吗？——我还没写。这是我的赫希俄德 [②]。

啊！你说的当然对，如果我们能够像从前那样再次生活在一起，那一定会是一段珍贵而硕果丰厚的时光。我会尽我的一切努力，尽快与你相聚。此致珍重！

你的

荷尔德林

1793 年 7 月 21 日至 23 日之间

今天早上你友好的信到来时，给施陶林的包裹已准备停当。我能否请你把包裹带给他？

---

① 马笛迅（Friedrich Matthisson）（1761—1831），他是继 Klopstock 和 Haller 之后的感伤派与古典主义诗人，在他的时代很受欢迎。

② 赫希俄德（Hesiod）（公元前 700 年左右）希腊叙事诗人，荷尔德林的第二篇硕士论文是关于赫希俄德的作品《工作与时日》与索罗门箴言的比较。

坚信人类会拥有更美好的未来并要为之不懈奋斗

致　弟弟

很好，亲爱的卡尔，你又给我写信了。我可以猜到，你会分享我结交新朋友 ① 的喜悦。我也永远不会忘记，当我们还是男孩和小伙子的时候，我们曾多么喜欢彼此。看！亲爱的卡尔，当你抱怨某位朋友的缺点时，我也这么认为。我很了解这种年轻心灵的苏醒，我也经历过那些金色的时光，人们如此热情而兄弟般友善地亲近万物，然而对万物的兴趣并不能令人满足，人们想拥有一样东西———位朋友，在他那里我们的心灵重又找到自己并感到愉悦。我应对你承认，我很快就要超越这一美好的阶段。我不再如此热衷于单独的个人（einzelner Mensch）。我的爱是人类。当然不是那些堕落的、奴性的以及懒惰的人，即使在有限的经验中我们也常常发现这种人。但我热爱即使在堕落的人身上也存在的那些伟

---

① 指的可能是 Mattisson，荷尔德林于 1793 年 6 月 27 日与他相识。

大而美好的禀赋。我爱未来世纪的人类。因为这是我最幸福的希望，相信我们的子孙会比我们更好，自由终将来临，而美德在自由中、在神圣而温暖的光明中会比在专制的冰冷地带生长得更加繁茂，这信仰令我坚强而积极进取。我们生活在一个所有的一切都在为拥有更美好的岁月而努力奋斗的时期。这些启蒙的萌芽，这些无言的希望以及把个体培养成为人类的诸多努力将传遍四方，日益强盛并会结出灿烂的果实。看！亲爱的卡尔！这是令我牵挂之事。这是我希望和行动的神圣目标——即在我们的时代唤醒将会在未来的某个时代成熟的萌芽。因此我认为我亲近个人的热情会降低。我想在普遍（das Allgemeine）中产生影响，普遍并非让我们置个体（das Einzelne）于不顾，但一旦普遍成为我们希望与追求的对象，我们就不会再以整个心灵为个体而生活。但我仍旧可以是一位朋友的朋友，可能不像从前那样是一位如此温柔体贴的朋友，但却是一位忠诚的、积极进取的朋友。噢！但愿我能找到一个像我一样追求那一目标的人，他对我而言神圣而又尊贵，尊贵得胜于一切。现在，心灵的兄弟！那一目标：对人类的培养和改善（Bildung, Besserung der Menschengeschlechlechts），那个目标在我们的尘世生活中也许无法完全企及，但在我们的作用范围内我们准备得越充分，就越容易在更美好的后世实现它——我知道，我的卡尔！那一目标也存留在你的心间，可能只是不那么清晰。要是你把我当作朋友，那么那一目标应该是一条纽带，它从现在起把我们的心连结得更牢固、更不可分、更真挚。噢！兄弟千千万万，但成为如此挚友的兄弟却不多见。祝安好。向亲爱的妈妈致以千万次衷心的问候。

你的

弗里兹

1793 年 9 月的前半月，蒂宾根

玛蒂逊的诗我已借出。这儿有些别的。《马库斯·波萨与国王的会谈》，其中有我最喜爱的一场戏（第 259 页）。

盼望自立以减轻母亲的负担

致　母亲

亲爱的妈妈!

　　万分感谢您的关爱和善良甚至还有这半年的时光! ——我是那么高兴,现在很快就又在身边拥有亲爱的家人了,然而那流逝得如此之快而常常又流逝得如此缓慢的时间有时令我有些肃然。我现在应该很快为我未来的命运让自己充分发展,但我却大大滞后。亲爱的妈妈! 请您相信,我现在大多数时候对世界如此满意,常常对自己如此不满。噢! 大概在六年前,我对自己在我现在的年龄将成为什么样子有过怎样的种种设想。自然给予我这一无法克服的冲动,在我身上造就出越来越多的力,这是幸运亦或不幸?

　　昨天我给在瑞士法语区的塞兹①写了信,从这个复活节

---

　　①　塞兹(Wilhelm Friedrich Seiz)(1768—1836),1787—1792年在教会,当时在瑞士法语区做家庭教师。

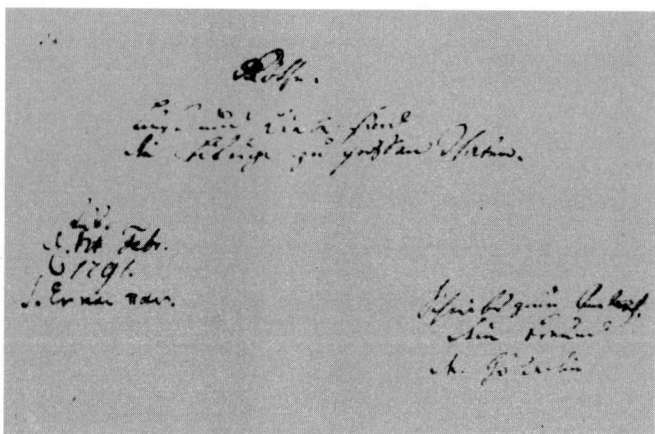

在黑格尔的留言册里，荷尔德林用出自歌德的《伊菲戈涅在陶里斯》里的诗句"乐趣和爱是成就伟业的双翼"作为留言，下面的日期（蒂宾根，1791 年 2 月 12 日）是黑格尔加的

起我要为他效力两年多。但如果我在耶拿找到生计，那我更喜欢待在那儿，作为家庭教师或者是我通常能胜任的差事，以便从那时起不再给您——亲爱的妈妈！——增添麻烦。

我把我的那些有时有点毛病的袜子在这儿修补，因为我不想在此期间穿那些好一些的袜子，直到我重新从尼尔廷根收到那些穿破的为止。我不认为，我还需要新的。有人最近在司库那对我说，我的妹夫和妹妹像天使一样生活在一起。这令我多么高兴，亲爱的妈妈！一同注视着善良的人们的幸福，然后也注视他们将要拥有的快乐，这将令我多么高兴——不是吗，亲爱的妈妈！这将是您的欢乐，也是您对我的部分爱的表白。

祝您安好，直到万分喜悦地当面向您问候。

您的

恭顺的儿子

弗里兹

大约 1793 年 9 月中旬，蒂宾根

向朋友索要诗刊并询问考试日期

致 诺伊弗尔

亲爱的兄弟！

请原谅，我对感谢我的好奇心得到满足迟疑了这么久。但就像我以前常对你说的那样，如果我的头脑和内心中只有一点或者根本没有什么东西可以告诉朋友的话，那我不愿意写信。亲爱的诺伊弗尔！我现在赤贫如乞丐。——但愿人不要有这样的周期性！或者至少我不要在这一时刻属于最不愉快的人中的一员！

但我认为，情形将很快不同。我相信，有你在我周围的几个小时可以引发很多美好的事。一封相当长的信也无妨。——我数着那些瞬间，直至我体验到，当我可以超越人世。我在这儿尽可能地卖力工作。但不会有任何成果。我对布尔

格和沃森的年鉴 ① 特别好奇。你不能在这个星期为我弄到一份吗；它们会在下次邮差送信的日子重又完璧归赵的。亲爱的兄弟！也写信告诉我关于你的工作和高兴的事。我不会妒忌的，即使对我而言现在极有可能如此。

你不知道吗，我们的考试大概会多快开始？能否劳驾你写信告诉我日期？为了磨炼自己，只要我还有时间，我就尽可能多地在附近的乡村布道。

愉快顺利，并问一问施陶林，他是否认为旅费是理所当然的，或者如果我的职位有什么结果的话，我是否该问一问。即使读到真挚的朋友的几句话，这也会令我十分高兴的；但一定要让他惬意，这是不言而喻的。我一得到关于我的职位的消息，就回到你们身旁，亲爱的人们！现在，希望和回忆是我唯一的享受。

如果你早些听到关于古阿德特、维格尼奥特、布里索特等委员的命运，就写信告诉我。啊！这些人的命运时常令我心酸。没有后代的生活会怎样？

---

① 指《哥廷根诗歌年鉴》（*Der Göttinger Musenalmanach*），由 Gottfried August Bürger 的继任者 Karl Reinhard 出版，和 Johann Heinrich Voβ的《诗歌年鉴》（*Musenalmanach*）；诺伊弗尔期盼在这两份（1794）年鉴中有自己的著作发表。

心灵的兄弟，晚安！让我很快听到你的消息！

你的

荷尔德林

1793 年 10 月上旬，尼尔廷根

急切盼望有关家庭教师职位的消息 [1]

致 诺伊弗尔

亲爱的诺伊弗尔！

看来你已经把我忘了；否则你早就会以看望或者至少是以书信来安慰处于单调生活中的我。冬天在我的脑海中比在外界来得更快。白昼很短，寒冷的黑夜就越长。而我已开始创作一首致"英雄的女伴，坚定的必然性"的诗 [2]。

---

[1] 施陶林于 1793 年 9 月 20 日在路德维希堡拜访了席勒，经施陶林的介绍，荷尔德林得到了一个在瓦尔特豪森的加洛特·冯·卡尔卜（Charlotte von Kalb）家做家庭教师的职位。席勒曾在 9 月底和荷尔德林谈过此事，并于 10 月 1 日把推荐信给卡尔卜夫人寄去。荷尔德林在尼尔廷根等待了几个星期，在此期间他焦虑不安，大概于 10 月 20 日前后写了这封信。荷尔德林于 11 月初收到了最终确认的答复。

[2] 指《命运》（*Das Schicksal*）。

我为何写信而并非像我曾打算的那样亲自到斯图加特去几天，我正想对你说此事。

我的家庭教师职位情况不妙。我尚未得到决定性的答复，因此也就无法为此作准备。之前我母亲还要为我置办一些东西，我比她还要心急，因为我未来境况的不确定性令我情绪不佳。

因为我想同时在斯图加特买衣服，我不可能比直到答复到达之际更早去那儿。

因此，亲爱的兄弟！我想请你在收到这封信后到施陶林① 那儿打听一下，看他是否仍没有得到一些确定的消息，假如你了解到一些消息，最好即刻通过回程的邮差通知我；但在其他的情况下，你也可以做一项善事，如果你尽快用一封来信为我再次带来一刻快乐的时光。

我此刻比以往任何时候都更需要出自一位朋友的友好的话语。

_____

① 应施陶林的询问，席勒于11月初把卡尔卜夫人的答复即刻通知了他。荷尔德林于12月中旬从尼尔廷根身，20日离开斯图加特到了瓦尔特豪森。

请别让我的希望落空！千百次祝福施陶林以及其他的朋友们！

你的

荷尔德林

1793 年 10 月 20 日，尼尔廷根

做家庭教师最初几天的生活和感受

致　母亲

最亲爱的妈妈！

新年之际来自北方的慰藉和欢乐！对在以往和其他已逝去的岁月中的全部的爱表示千百次的感谢！

明天我来这儿就 8 天了。真的！我还从未有一天感到过不惬意。冯·卡尔卜少校①先生，世界上最有修养、最乐于助人的人，像对待朋友似的招待我；至今未变。卡尔卜夫人还在耶拿。人们肯定喜欢我的小家伙②，他是一个如此优秀、聪颖、漂亮的男孩。我的生活方式如下：早晨七八点

---

①　海因里希·冯·卡尔卜（Heinrich von Kalb）（1752—1806），曾在法国的机构做军官，1783年与早年守寡的加洛特·冯·卡尔卜（Charlotte von Kalb）（从前姓奥斯太姆 von Ostheim）（1761—1843）结婚。

②　指荷尔德林的学生，卡尔卜夫妇 9 岁的儿子，弗里兹·冯·卡尔卜（Fritz von Kalb）。

钟有人为我把咖啡送到房间，然后我可以自己在那儿待到9点钟。我9点至11点上课。12点后进午餐。（顺便说一下：您曾因为萨克森的厨艺对我深表同情，但我一定要告诉您，在这里的是一位维也纳的女厨，餐桌铺得很漂亮。）饭后（晚上也可以）我可以和少校在一起或者不在一起，和小家伙一起外出散步或者不去，可以工作也可以不工作，随我便。3点到5点我再次上课。其余的时间是我自己的。这儿也提供晚餐；在品尝上好的啤酒时——我也像主人一样畅饮——我很容易忘记我们内卡河的葡萄酒。与此同时我也感到自己十分健康。正如我以前偶然听说的那样，会负担我的旅费。这个地区十分漂亮。城堡坐落在村庄上方的山上，我拥有其中的一间最舒适的房间。就我迄今为止对他们的了解而言，这里的人们是相当好的。我尤其与牧师已经成为相当好的朋友。在这样的情况下我不想进城去。我何时想骑，就可以骑少校的马。他非常喜欢宁静，很少出门，而且一直很少社交。他说："我曾去乡下和海边玩，早就在人群中待够了，我现在更喜欢妻子、孩子，家和花园。"三年前他还在法国军队任职，是拉菲特的部下，参加过美国战争。他长得很像尼尔廷根的枢密官先生（您把我介绍给他和他的全家）。

　　我在纽伦堡度过了旅程中最惬意的时光。施陶林给了我一个教皇使节秘书叔巴特的地址。纽伦堡拥有哥特式的宫殿和勤劳的居民，而且很是宜人地位于被冷衫林环绕着的广阔的平原上，是个令人敬畏的地方。我在朗读会的一个亭榭上也结识了很有教养的人们。我在埃朗与我的同乡及表兄——在斯图加特的耶格尔御医的一个儿子——一起度过了一个十分惬意的基督日。在那个还聆听了由阿盟教授所做的一次精彩绝伦、构思美妙且清晰的布道。我下周给布劳波伦和洛赫高写信。千万次衷心地祝福和问候。祝我亲爱的卡尔拥有一个美好的明天！

您的

弗里兹

1794 年 1 月 3 日，瓦尔特豪森

　　在尼尔廷根的所有地方都祝以千百次的问候！

　　如我希望的那样，您现在已经收到了我发自科堡的信。

我的地址是：致荷尔德林，住在迈宁根附近的瓦尔特豪森的卡尔卜少校家的家庭教师。

一直到纽伦堡都是自由的。

友谊

致　诺伊弗尔

亲爱的兄弟！

    我认为我给你写信的那一时刻恰恰是人们必须用来给心灵的朋友们写信的一刻。向一颗属于自己的心袒露心扉必定成为我们适当的需求。花点功夫写信是值得的。

    我曾因为你没有马上写信就用怀疑和不信任来折磨你和我，我可真不够朋友。我是了解你的。比起我对于你而言，你拥有更亲爱的人[①]。但你并没有因此疏远我，正如你一开始时的那样而且可能的那样。

    生活的内在与外在的诸多关系，我们的精神和心灵，像命运一样，在你我之间缔结出一种任何时候都无法摧毁的联盟。我们是如此完全地了解彼此，明了我们的弱点与美德，但却依然是朋友。在我们身上，新奇的魔力早已消失。在发

---

    ①　指诺伊弗尔的新娘 Rosine Stäudlin。

现的最初时刻和日子，人们以为已经找到了一切，其实只能找到部分，这样的幻觉永远不会发生在你我之间，然而我们一直是朋友。

我们争夺一个奖项，但却依然是朋友。我们曾误解彼此，却仍旧是朋友。亲爱的！除了坚信我们的联盟永恒——我们不是狭隘的人以外，我们还有什么更多的希望呢？

自从我们发现彼此以来，在我内心中我经受了一些变化，一些我曾以我全部的爱眷恋过的东西，当时曾经比一切都更令我感兴趣的观念与个人对我而言已丧失了其意义，诸多新的观念、新的个人令我着迷，但我的心对你却一直忠贞不渝，这很是奇异。一旦真正的价值赢得了我的心，我不必如此变幻无常。这一点你不太令我惊异。你忠诚、坚定不移的性格是你一切幸福和价值的根基。因此我也明白，你将比我更幸福和伟大。

兄弟，你走的是正确的路。你让他人的头脑激荡，而你则按你的步调前行。如果令人感兴趣的事物会挤占人们心目中已有的其他事物，就不要全身心地投入其中，这是一门伟大的艺术。这是你的艺术。你的心不排斥任何美好、善良和伟大的事物，但你只给它腾出恰当的空间，使之能与其他事物并存。你是幸福的！我希望我也能如此。宁静的内心生活是人所能拥有的至高无上的东西。

你对你的维吉尔①也如此忠诚，令我有说不出的高兴。这位高尚的罗马人的精神肯定神奇地振奋了你的精神。在与他的语言的较量中，你的语言一定越发机敏而且有力。对你的较量的感谢当然是德意志民族的感谢——一种无关痛痒的纪念！但你一定会赢得很多朋友。此外，我觉得我们的人民在近些年来越发习惯关心那些超出直接的实用性的界线之外的观念和事物；现在人们比以往任何时候都更具有美和崇高的意识；让战争的喧嚣渐渐消失，而真理与艺术将在罕见的范围内发挥作用。当然也有一些与之相反的说法。

即使我们这些贫困的流浪者会被遗忘或者完全不为人所记，但只要人类会变得更好，如果正义与更纯粹的认识的神圣原则确实能得以缅怀而且将永不被遗忘，那会是怎样。

我现在几乎只忙于我的小说②。我认为现在要构思更多的细节；我觉得整体也要更深入地进入人物之中。献给你的萨

---

① 诺伊弗尔在翻译一部维吉尔的作品。
② 指《许佩里翁》：创作于瓦尔特豪森的《许佩里翁》是作为《〈许佩里翁〉的片段》于1794年底发表在席勒主编的《新塔利亚》（*Neuer Thalia*）上。

尔玛①的诗我可能8天后寄给你。邮差送信的日期出乎我的意料，我还没能来得及为这首诗做一小小的润色。亲爱的兄弟！我得预先请你谅解，你似乎会无法理解，人们何以能如此蹩脚地歌颂你的萨尔玛，或者如此平庸。这其中有一首给你的小诗。它是我思念你时的一刻快乐时光的产物。你将来会得到更好的诗。你可以把这个小东西送交给《女隐士》杂志②或者别的什么你想送交的地方——一半是作为对我的惩罚，一半作为奖赏。

致诺伊弗尔

——1794年3月

甜蜜的春天又回到我心田，

我快乐的童心依然未老，

爱的甘露仍从我的眼中涌出，

希望的愉悦与痛苦仍存留在我心间。

怡人的美景慰藉着我，

蔚蓝的天空与碧绿的田野，

---

① 这首诗名为《朋友的祝愿——致圣罗西娜》（Freundeswunsch. An Rosine St.）。萨尔玛（Selma）是诺伊弗尔为她的新娘起的名字，这个名字的出处大约可以追溯到 Klopstock 的诗 "Selmar und Selma"。

② Einsiedlerin，是一份由 Marianne Ehrmann 出版的杂志；这首诗于1794年刊登在这份杂志的第三卷中。

神递给我令人陶醉的欢乐的圣杯，

那是青春和友谊的天性。

安心了！生命值得痛苦，

只要神的太阳照耀不幸的我们，

更美好的时代的图景在我们心中飘荡，

啊！一只友好的眼睛陪我们一同哭泣。——

荷尔德林

大约 1794 年 4 月初，瓦尔特豪森

最衷心地感谢你兄弟般资助我的钱。这里寄回两个加洛林。尽快给我写信。祝安好。

我忘了给马格瑙写信了。我不理解他。可亲爱的兄弟，你肯定没有完全抛弃他！你可能重又会发现他身上的较好的一面。

谈学生的培养问题以及对席勒的仰慕之情

致　席勒

一位伟人在近旁令我肃然，在那一时刻 ① 我曾许诺，在我现在的、不断扩展的作用范围内敬重人类。我曾向您保证过这一点。我要向您作一汇报。

把我的学生培养成人，这曾是而且现在仍是我的目标。我坚信，不能用其他的词称作理性（Vernunft）或者正好与之相关的全部的人性（Humanität）不配这一名称，我认为，在我的学生身上无法及早发展其最高贵的品质。他现在再也无法处于无邪的自然状态，而且也从未身处过其中。不能这样庇护这个孩子，仿佛已切断了对其苏醒的诸多能力（seine erwachenden Kräfte）发挥作用的一切社会影响。如果现在就能够使他具有道德自由的意识（Bewußtsein

————
① 指荷尔德林与席勒于 1793 年 9 月底在路德维希堡（Ludwigsburg）的那次会晤。

seiner sittlichen Freiheit），使他成为一个有能力的人（fä higes Wesen），那么就必须付诸实施。虽然我觉得他现在对扩展了的道德关系（die erweiterten moralischen Verhä ltnisse）难以具有真正的接受力（Rezeptivitt），但肯定对较为狭义的道德关系具有接受力，其中就有朋友对朋友的关系，这曾是我唯一能运用的关系。

我不取悦于他。我也避免他不取悦于我，而天性在此无须强大的抵抗。但我跟从心的牵引，它在美好的时刻把我和这个男孩的快乐、活跃而且具有可塑性的天性内在地结成兄弟般的关系。他理解我，我们成为了朋友。我试图把所有该做以及不该做的事都与这一友谊的权威性联系在一起，它是我所了解的最无邪的权威性。但因为与人的思和行相连的每一种权威性都迟早会带来极大的不当，因此我敢于逐渐补充新的内容，即他所做或者放弃的一切不仅仅是为了他与我的缘故而去做或者放弃，而且我确信，如果他在这一点上理解我的话，那么他便理解了最重要的道理。

为了达到我的目标，在较为密切或者疏远的方面以此为根据建立起诸多方法手段。我不想用细节来烦扰您。我是怀着对您的深深的景仰成长起来的，我经常以此使自己坚强或者谦卑，它也使我现在在对我以及对我的学生的教育中不变得懈怠，这一景仰使我不会变得夸夸其谈。

由于您的仁慈，这一仰慕之情无限地增强，从某些方面看我目前的境况如此良好，这要归功于此。

正如我所希望的那样，冯·卡尔卜夫人身上的令我惊叹的罕见的精神能量会有助于我的精神，特别是因为一切都有助于帮我调整心情，轻松愉快地去工作。但愿我能实现这位高贵女士的慈母般的希望！

她在这儿有一个星期了。她让我向您致意，并保证马上就写信。

她对我说，我本有幸在您身边待几个月。我深深感到我丧失的东西。我还从未因为自己的过失而失去如此之多。给予我信仰吧，高尚的伟人！靠近您我身上就会产生出奇迹。我为何注定要如此贫乏并对精神财富怀有如此之大的兴趣？我再也不会幸福了。然而我却一定会期望幸福，而且需要它。我想成为一个大丈夫。请您不时对我投以关注的目光吧！人的良好的意愿决不会一无所成。

我冒昧附上一页诗作①，在我眼里，它并非如此没有价值，以至于我不会把以此来打扰您的举动看作我公然的狂妄之举，而对它的器重同样也不足以把我从惶恐的心境中解救

---

① 指《命运》（*Das Schicksal*）这首诗。

出来，我是以此心境写下这首诗的。

　　要是您认为这首诗值得在您的《塔利亚》上发表，那么我的这一青春的遗物将获得比我所期望的更多的荣耀。

　　谨致以我最真挚的敬意！

您的

最恭敬的崇拜者

M. 荷尔德林

1794 年 3 月 20 日，瓦尔特豪森

决意从抽象的领域退出

致 诺伊弗尔

这儿，亲爱的兄弟！你得到了春天与友谊之子，献给你的西尔玛的小诗。这样一位父亲与这样一位母亲当然应该孕育出一位像布尔格的高亢的歌[①]一样的阿多尼斯[②]，而不是这样一位可怜的流浪汉。此外，如果在他身上可以发现一丝一毫他父亲与母亲的痕迹，我就满足了。

我急切地想读到你的作品。——席勒生病了？这消息令我很是悲伤。我的那首关于命运的诗可能会于今夏在《塔利亚》上发表。我现在已不再喜欢这首诗了。现在我眼里只有我的小说。我决心与艺术诀别，即使我最终定会因为此事而

---

① 布尔格（Gottfied AugustBürger）（1747—1794）曾把他的诗《一个无与伦比的人的高亢的歌》（"Das hohe Lied von der Einzigen"）赞誉为他"最美丽的儿子"和他"精神的阿多尼斯"。

② 原文为 Adon，是 Adonis 的缩写，他是传说中爱神阿芙罗狄蒂（Aphrodite）所爱恋的美少年。

嘲笑自己。另外我现在差不多要从抽象的领域撤出，我在这一领域丧失了我全部的本质。我现在只在情绪百无聊赖的时候才阅读。我最近的读物是席勒的论文《论优美与庄严》。我想不起读了些什么，源自思想领域的精华与源自情感和想象领域的精华在这篇作品中可能已交融为一体。但愿这一崇高的精神还能在我们中间存留数十年！——珍重，亲爱的人！千万次问候我们的施陶林！尽可能在你的西尔玛面前引荐我的小诗，好让她别生气。也请尽可能念起我所有其他的好处。

你的

荷尔德林

大约1794年4月中旬，瓦尔特豪森

你让我去做鞋的那位鞋匠要求我母亲付款。要是我搞错了，不能在启程之前把钱给他寄去的话，我很抱歉。你再也想不起来了吗？

宁静的生活是一种难得的享受

弟 弟

亲爱的弟弟!

你告诉我你的现状以及你兄弟般的思念，这很正确。自从我们在原野上分别的那一刻起，我在此间时常想念你，我们无法离别如此之久。

距离现在对于我似乎总像天空那般遥远，我常想，要是我敢于飞快地飞到你们这些亲人那里该多好。但到那时我们可能会变得老了一些。

我怀疑，我是否很快会脱离我目前的处境。我有自我修炼的闲情，也有来自外在的动力，如果时间充裕的话，我其余的活动对我来说就是用来恢复的时间。我下一个冬天是否会既不在魏玛又不在耶拿过，这还不一定。正像你可以想象的那样，这两个地方对我来说都无比惬意。我在这里生活得很宁静。我只想起我生命中的很少的几个我本该这样以同样的冷静和安宁度过的时期。

兄弟！人不为任何事分心，你知道，这多么有价值。你也有这样的幸运。享受它吧！即使人在一天中为精神的自由活动留出一个小时，人在此期间可以解决其最为迫切的、最高尚的需求，这就已经很好了，至少对于使自己在余下的时间精神振奋并开心愉快是足够的了。

兄弟！提升你的更为美好的自我吧，不要让它为任何事所压制，不为任何事！我很想知道，你的精神选择了哪个方向。珍重，亲爱的，尽可能经常地告诉我这方面的情况。关于我自己的工作我想下次告诉你。我现在正从事某些工作[①]，在它没有完成以前，我不想对你谈有关它的事。

你能否找到席勒的《塔利亚》中最新的几首作品[②]，或者艾瓦尔德的《乌拉尼娅》[③]，还有施瓦本的《植物志》[④]，找一下我的名字，想想我！但你将在那上面找到的大都是些小品。

---

① 指《许佩里翁》。

② 出版于 1794 年 11 月和 1795 年年初的 1793 年号的《塔利亚》收录了荷尔德林的《许佩里翁片段》以及《命运》、《勇敢的守护神》和《希腊》等三首诗作。

③ 由 Johann Ludwig Ewald 出版的《乌拉尼娅》（Urania）于 1795 年 4 月刊登了荷尔德林的另一版本的诗歌《希腊》。

④ 自 1793 年出版的杂志《植物志》（Flora）于 1801 年和 1802 年才发表荷尔德林的文稿。

我现在唯一的读物几乎就是康德。这位圣灵越来越多地袒露在我面前。

亲爱的祖母在那儿，这令我十分为你们高兴。千万次衷心地问候。她又完全健康了吗？我的小外甥女成长得这么好，这对我来说也是一个令人相当高兴的喜讯。

我想给布劳波伦写信。卡尔卜夫人请妈妈到今年樱桃成熟的时候等着喝樱桃酒，会装进罐子里用一个小箱子寄过去。我的弗里兹①又完全好了，总是给我带来很多欢乐。我不容易找到像这样的一个好孩子。

祝你们平安！亲人们！

你们的

弗里兹

1794 年 5 月 21 日，迈宁根附近的瓦尔特豪森

我的好西尔莫在做什么？

---

① 指他的学生。

企盼好友的音讯

致 黑格尔

亲爱的兄弟!

自从我们以"神的王国"(Reich Gottes)这一格言①分别以来,我肯定你在此期间时而会想念我。我相信,无论世事如何变迁,我们仍就可以凭这一格言重新彼此相认。

我确信,你会成为你命里注定的那种人,时间不会抹去你身上的那个特点。我想我也理应如此。那个特点是卓越的,它是我们喜欢彼此之处。我们因此笃信我们的友谊永恒。此外我时常希望靠近你。你过去经常是我的守护神。我对你十分感谢。自从我们分别以后我才充分感觉到这一点。我还想再向你学点儿什么,有时也想告诉你一些我的情况。

---

① "神的王国"是荷尔德林、黑格尔和谢林这三位蒂宾根朋友的格言,具体表现在他们对"新宗教"信念和由法国大革命的观点与举动所引发的恢复人性的信念。

写信虽然永远只是权宜之计，但总还有点用。因此我们不该完全不写信。我们有时必须提醒彼此，我们有很多理由相互拥有。

我认为就某些方面而言，你会发现你的世界对你来说是相当适宜的。但我没有妒忌你的理由。对我而言，我的境遇同样很好。和我相比，你与你自身更加一致。附近的任何噪声对你来说都是有益的；而我需要宁静。我也不缺乏欢乐。而你在哪儿都不缺少欢乐。

有时我想在我周围拥有你的湖泊和阿尔卑斯山。大自然使我们变得高贵和坚强，令人无法抗拒。相反，我却生活在一个在广度与深度、精妙与完美方面都少见的非同寻常的精神世界里。在你的伯尔尼，你很难找到一位像冯·卡尔卜夫人这样的女人。沐浴在这样的阳光下你肯定觉得很惬意。要不是我们的友谊，你肯定会因为你把你的好运转让给了我而有点生气。在我对她讲了关于你所有的一切之后，她也肯定几乎认为，她已在我盲目的幸福中迷失。她常提醒我给你写信。现在又再次提醒我。

冯·博尔勒仆什太太①曾在或还在伯尔尼，还有巴格

————

① 博尔勒仆什太太全名为 Emilie von Berlepsch（1757—1830），感伤的诗人和游记作家。

森[①]。如果可能就给我写信，多写些有关她们俩的事。斯多德林至今为止只给我写过一次信，黑斯勒也只写了一次。如果黑斯勒不把我们羞得面红耳赤的话，我想我们有很多事可做。我一直希望能随便以什么方式很快见到他。

莫格玲[②]在伯尔尼吗？千万次向他问好！你们会一同度过一些愉快的时光。

亲爱的兄弟！多给我写信，告诉我你现在的所思所为。

我现在的研究工作相当专注。康德和古希腊人的著作几乎是我唯一阅读的东西。我试图先熟悉一下批判哲学的美学部分。最近我穿越伦格山脉到富勒得乡间做了一次小规模的考察。面对高耸的山峰和迷人富饶的山谷，在山脚下星星散散的小屋掩映在杉树、兽群和小溪中，人们会以为正置身在瑞士山区。富勒得自身也拥有相当迷人的环境。到处都一样，山区的居民门有点粗鲁而且单纯。此外希望他们拥有被我们的文化所根除的某些好的方面。

快些给我写信，亲爱的黑格尔！我不能完全没有你的消息。

---

① 巴格森全名 Jens Baggesen （1764—1826），启蒙和浪漫派时期的丹麦诗人，康德和席勒的崇拜者，法国大革命的热情追随者。

② 莫格玲全名为 Friedrich Heinrich Wolfgang Mögling（1771—1813），当时在伯尔尼做家庭教师。

你的

荷尔德林

1794 年 7 月 10 日，迈宁根附近的瓦尔特豪森

我必须赶快补充，以名誉担保！几天前我才收到附页。我对希尔德堡毫森的一位法学家的这种失礼感到很生气，黑斯勒在复活节前后把信交给他，而他可能是在几周之后才把它们寄往迈宁根，我是从那儿收到这些信的，搞不清什么原由。我从昨天收到的黑斯勒的一封似乎在表达他对我的不满的信中得知，这些信是从希尔德堡毫森寄来的，在这种情形下他本该事先查明情况。正如所言，这件事令我万分恼火，尤其是因为在不拘小节这一点上你从过去以来就太了解我。此外潦草马虎对我来说太糟糕了，我发过誓。我不得不补充一点令你不安的事，我认识黑斯勒的徽章，它在我的信上完好无损。快点给我写信。我会尽快告知你关于黑斯勒的信的情况。

人如何成熟为男子汉——与弟弟共勉

致 弟弟

亲爱的卡尔！很久以来我都是你的负债者。但在那份用我们的心灵缔结的盟约中并没有写着我们对彼此要表达很多言辞，而是我们要成为男子汉，并在这一前提下愿意把我们彼此认作兄弟。人在不停歇的行动中，在出于责任而行事的奋斗中成熟起来变为男子汉，即使这责任并没有带来很多欢乐，即使它看起来似乎是一项很微不足道的职责，只要它是职责，人就会成熟变为男子汉；在对期望的否定中，在对我们本性中的那一自私的部分的弃决和克服中——这对于它永远都应是不费吹灰之力且愉悦的，静静地期待，直至一个更为广阔的活动领域展现出来，坚信即使与此同时产生的是善举，而并没有更广阔的活动领域展现出来的话，把人的力量局限在一个狭小的活动领域，这也是伟大；人在一种安宁中成熟，变为男子汉，人的脆弱不会令这一安宁变得激愤，人的虚荣浮华、虚假的伟大、臆想的羞辱不会令这一安宁陷入混乱，它只会由于对人类的幸福或苦痛而感到的痛苦和欢乐、只会由于对自身的不完善的感觉而被打断；在力图修正并扩展其观念的不懈的奋斗中，在那一不可动摇的原则下——在评判一切可能的主张和行为的时候、在评判其合理性以及明智性的时候决不认可权威，而是要亲自去检验，在那一神圣的原则下——永远不让良心被自己或者是外来的异端哲学、被阴暗混顿的解释、被经过最为慎重的思考说出的一派胡言而说服，他会以成见的名义亵渎一些神圣的职责，但很少受蠢人或者坏人的迷惑，他们可能会在自由的精神和自由的骗局的名义下咒骂或者嘲笑一个爱思考的人，一个在人性的化身中感觉到其尊严和权利的人，在经历所有这一切和很多其他情形的同时，人成熟起来成为男子汉。我心灵的兄弟！我们必须要对自己提出高要求。我们想象那些意识到其卑微的价值还感到惬意的可怜虫一样吗？相信我，当我想起那些希望我会感到很奇特，那些人们在接下来的世纪中对自身抱有的希望，支撑起那些畸形的、精神狭隘的、粗俗的、狂妄的、无知的而且懒散的年轻人，在他们身上到处都有如此之多的希望，他们尔后应发挥自身的作用。那些还是特例的少数人一定要使自己振作起来，支持下去。还有！人们现在有必要对自己说：明智些吧，即使是千真万确的，也不要说任何话，如果你确信，无法由此达到任何目的的话。不要为聪明牺牲你的良知。这是一句如金的格言：切莫明珠暗投。你所做的一切，切莫在激动中行事。冷静思量！让激情消逝！——我确信，你在这一点上与我意见一致，即兄弟之间必须要这样相互交谈。附上的信件是少校夫人致我们亲爱的母亲的信。这是一个证明，即如果一个教育者总的说来按其信念和良知而行事，即使他有千百个过错，他仍会被视为有些非同寻常的人，人们在教育上尽其职责是多么罕见。

上个星期日我去了格莱西山，它耸立在距吕姆西尔德有一个小时路程的广阔的平原上。向东是费西特尔山（毗邻弗兰肯和波西米亚的交界），向西是彗因山、弗兰肯和黑森的交界，向北是图林根森林，它划分出弗兰肯与图林根的疆界，朝着我亲爱的施瓦本的西南方向，我目光所及的尽头是施台格森林。如果可能的话，我最喜欢这样研究两个半球的地貌。多给我写一些有关你工作的情况，关于亲爱的母亲的那些忧愁或者欢乐的日子，关于所有我们的亲人们、我的熟人们，关于西莫尔、比尔芬格等人的状况，简短地告诉我有关所有你了解的并可能在一定程度上令我感兴趣的事。有机会代我向所有的人表示衷心的问候！

罗伯斯庇尔必定被砍头，这在我看来或许会是好事。只有让仁慈和和平这两个天使来临，符合人性的一切定会繁茂！阿门。

你的

弗里兹

1794 年 8 月 21 日，瓦尔特豪森

关于教学上的沮丧以及杂志社约稿事宜

致　诺伊弗尔

经过了几次去卡尔卜家位于巴姆博格地区施泰格森林的一处庄园的白天旅行，我比往常更靠近你，我在那儿等待你的上一封来信，如果这封信听起来不是那么欢快美妙的话，那么不论有多少阻碍，它仍会促使我赶到你的近旁并对你表明，在这个世界上你还是拥有真挚友情的。我很快就收到了来信，在我从这儿启程前，我曾想方设法想赶快收到信。牺牲并不太大，亲爱的兄弟，当时我几乎已经走了一半的路，我天生就拥有一双强健的腿。但就在此时信到了，得知你并不需要我，只有我知道，这令我多么地高兴。欢乐的时光令我们连续几个月都精神振奋，这是那些时刻之一。愿这美好的爱永存，带着它给予的所有幸福和全部美德，带着它所有的花朵与果实，这一愿望深深地并永远地埋藏在我心间。每当我拿时代作比照，这种爱总是浮现在我面前，就如同秋天的夜莺。——你尽可以相信我，亲爱的好兄弟！从我这方面来说，不是由于我自身的本质而是由于命运决定的我在你面前的不平等性绝对不会妨碍我怀着欢乐和景仰来认识这种关系全部的美以及全部的价值。我如此郑重地说并非没有缘由，因为如果没有应予以景仰的东西，没有富有道德的人的高尚与坚韧，这样的一种关系就肯定不会存在。然而我却拥有某种东西；与你的同盟：它将开花结果，就像你的爱的纽带那样长存。对此我是十分认真的，亲爱的诺伊弗尔！我坚信无疑，我将永远确信人们不能在任何地方都能找到这样的一种友谊，以至于我不该不永远牢牢抓住我们的友谊。我的心与一个人处于一种永恒的关系中，而我了解一个我可以信赖的人，每当我需要慰藉的时候，这几乎是我唯一的慰藉。你是会相信我需要这种慰藉的，因为你像我一样，知道大多数人都把自己想得很好，而对别人则相反，如果可能的话，大部分人都大概想像对待他们的罐子和椅子那样对待此事；只要人们还需要它们或者只要它们还未过时，人们可能会谨防把它们打破；——我不让自己被摔破，这是顺理成章的；我会一直让自己有用，直到我自己可以更好地利用我自己，这也是不言而喻的；但这种情况很少见。

我现在在外面的工作^①时常令我感到吃力。这件事我当然可以跟你说。然而我对你也一直保持缄默，因为我尤其不想给你太多的口实，猜测我对一切无法拥有银色和金色光芒的事物都牢骚满腹，永远要为世界不是世外桃源而悲叹。但我基本上已超越了这种幼稚的怯懦。但我是一个人。我当然期望兢兢业业的、常常十分艰苦的努力会有所成就。因此如果由于我学生十分平庸的天赋和对他早期的青年时代极其错误的管教以及其他一些我不想向你叨念的事而使这一成就几乎落空的话，我一定会痛心的。我感到痛心，这件事本身可能并不太重要，但它会不可避免地影响我其他的工作，这对我来说就并非那么无足轻重了。如果你花了半天的时间用在教课上，而除了忍耐你一无所获，并且由于常常经历别人在课堂上一无所获的情形，对你来说另外的半天时间几乎没有任何用处的话，你也会感到十分不悦。——另外我尽量让自己情绪高涨，只要太阳一照进我的窗子，大多数时候我都会愉快地起床，然后尽量利用好清晨的那几个小时，那是我真

①　指的是荷尔德林教学生的工作。荷尔德林与他的学生的关系在1794年夏末变得十分恶化。他对这个男孩的天赋曾抱有幻想。此外荷尔德林在这段时期可能也陷入了过度敏感的危机，加洛特·冯·卡尔普也跟席勒提到过此事，这是他日后疾病的最初的先兆。荷尔德林于1795年1月16日放弃了这一工作。

正拥有的唯一安宁的时刻。这个夏天的大部分时间都花在了我的小说上，今冬你将在《塔利亚》上看到这部小说的前五封信。目前第一部分几近完成。我的旧稿几乎一行未留。我一直觉得，对从青年到男人的本质、从激情到理性、从想象的王国到真理与自由的国度的这一巨大的跨越值得做如此漫长的探究。不过我此外也盼望着能对整体有清晰了解的那一天，因为我此后便能毫不迟疑地实施另一个似乎更令我倾心的计划：尝试按照希腊戏剧的理念撰写苏格拉底之死[①]。自从春天以来我一直很少作诗。我还在家里的时候就已经开始写那首献给命运的诗了，去年冬天把它几乎做过彻底的修改，并在复活节前后把它放在一封信里寄给席勒，根据他对我的上一封信（我在信里给他寄去了《许佩里翁》的片段）所做的答复来看，他似乎很高兴地接受了这首诗。他决定把这首诗刊登在一本将由他编辑出版的年鉴里[②]，应他的要求我还想再给他寄去几首诗作。能否为莱因哈特的《艺术年鉴》[③]和

----

① 撰写一部关于苏格拉底之死的戏剧的计划始终没有实施。荷尔德林的小说《许佩里翁》的创作一直持续到他在法兰克福的时期。

② 《命运》这首诗与《许佩里翁片段》一起刊登在1794年底出版的《新塔利亚》上。席勒的第一部诗歌年鉴则是在1796年出版的。

③ 指的是由 Gottfried August Bürger 创办的《哥廷根艺术年鉴》(*Göttinger Musealmanach*)，在他去世（1794）以后这本年鉴由 Karl Reinhard 接管。

《学术》①以及孔兹的《博物馆》②寄些作品给你，这要取决于我天生是否多产，我不愿使你受到羞辱，如果我这样来回报你兄弟般友好的提议的话，那么这也太过随便，我不愿用粗浅应急的作品给你增添麻烦。我或许可以给你寄一篇关于审美理念的文章；因为可以把它当作对柏拉图的《费德鲁斯》的一篇评论，其中有一处是我特别强调的一段文字，可能会对孔兹有用。从根本上讲，这篇文章应该包含对美和崇高的分析，根据这一分析来简化康德的分析并在另一方面使他的分析更为丰富，席勒在他的《论优美与庄严》一文中已部分地做到了这一点，但他的步伐迈得仍小了一些，没敢跨越康德的界限，依我看，他本该敢于跨越这一界限的。你别笑！我可能搞错了；但我考察过，下了很大的力气做过长期的考察。——我现在正在忙于修改我的那首献给青春之守护神的诗。——我可能会于11月初去耶拿。人们看到，在我目前的处境下，我的身体连同我其他的诸力都在遭受苦难，它迫

---

① "Akademie"是"Akademie der schönen Redekünste"的缩写，同样也是由 Gottfried August Bürger 创办的。

② 指的是《希腊和罗马文学博物馆》（*Museum für die griechische und römische Literatur*）（1794 / 1795），由 Karl Philipp Conz. 编辑出版。荷尔德林的作品和文章从未在以上的这三本杂志上发表过。

使我同我的学生一起到那儿去住上半年，从一些方面看来他也有必要这么做，为的是能留住我。我想看看情形会怎样。享乐在等待而我很少期望享受；但正如我所想的那样，应该期望一些有助于我的修养的事。万分感谢来自你的高贵的姑娘的友善的问候；我衷心地答谢这一问候。你的诗给了我许多欢乐，尤其是作为诗和你的内心的倾吐的倒数第二节。少校夫人向你问候。你的问候令她很是高兴！由于时间关系我必须得不情愿地住笔了。

你的

荷尔德林

1794 年 10 月 10 日，迈宁根附近的瓦尔特豪森

也要写信给我讲一些有关上帝之友 ① 的情况。席勒去了美国吗？黑格尔的妹妹把我的信给她哥哥寄去了吗？那些其他的善良美丽的孩子们在做些什么？你不会相信，我现在有多么喜欢来自你们那些地区和圈子的新鲜事。

———

① 指施陶林。

谈费希特以及自己与歌德第一次邂逅情况

致　诺伊弗尔

如你所见，亲爱的兄弟！现在我在这儿，我有理由感到高兴，不仅因为我在这儿，而且因为我在这儿这一事实令我确信，一旦我们不只是想被抬着奔向目标，而是想凭借自己的双脚前行，即使时而有坚硬的石块扎在脚跟上也不在意，那么实现某一目标对我们而言就变得容易了。我非常清楚，有更远大的目标和更艰辛的努力，更多的工作以及更丰硕的收益；但在这个世界上，人们为实现伟大的壮举所需拥有的不过是些小事例。

现在我的脑海与心灵中都充满了我想通过思索与创作来完成的一切，也充满了我有义务通过行动来完成的一切，当然后者不是单独一人去完成。靠近真正伟大的人，靠近真正伟大的、自主而勇敢的心灵令我时而沮丧时而又振奋，如果我最终不该逃避到悲伤的绝望之中的话，我就必须从朦胧与微睡中自拔，轻柔而有力地唤醒并培养一半已成熟、一半已衰亡的诸力，在绝望中人们会用其他种种不成熟和软弱的想法自慰，让世界随它去吧，人们会在绝望中从他的角落静观真理和法的没落与昌盛、艺术的繁荣与凋零以及作为人感兴趣的一切事物的死亡与生存，如果进一步发展的话，人们会以消极的道德来应对诸多人性的要求。宁可进坟墓，也不要这种状态！然而当我展望未来时，常常是除此之外几乎别无他念。亲爱的多年的心灵之友！在这样的时刻，我时常会怀念的是你在我近旁，你的安慰以及你做出的看得见的坚强的榜样。我知道，你有时也会丧失勇气，我知道，这是那些拥有比动物性欲求更多的欲求的人的普遍的命运。只不过程度有所不同。我今天恰巧在关于维兰德全集的预备性报告中看到一处文字，它仍在我心中燃烧：维兰德的缪斯与德国诗歌艺术的开端一同开始并伴随它的衰落而一同结束！最亲爱的！说我天真吧！但诸如此类的说法会败坏我一周的情绪。即使如此也没关系！倘若一定会这样，那么我们就扯断我们不幸的琴弦，把艺术家们所梦想的付诸行动！

这就是我的慰藉。——也讲讲这里的一些事。费希特[①]现在是耶拿的灵魂。谢天谢地！是他。我从未认识一个有如此精神深度和能量的人。在人类认识的最遥远的领域探寻并规定这一认识的原则，再用这些原则探寻并规定法的原则，并且用同样的精神力量思考从这些原则中得出的最为怪僻、最大胆的结论，尽管讳莫如深却还是用火一样的激情和明确性（如果没有这一典范，这两者的统一对我这个可怜的人来说或许会是一个无法解决的难题）将之述诸文字并宣讲出来，——亲爱的诺伊弗尔！这么大谈特谈这个人并不过分。我天天听他的课。偶尔和他谈谈。席勒那儿我也去过几次，但第一次却不走运。我走进去，受到友好的欢迎，几乎没有察觉在背景里的一个陌生人，他没有任何表情，在尔后的很长时间他的声音也没有使人预感到有什么特别之处。席勒告诉他我的名字，也把他的名字告诉了我，但我没听懂他的名字。我冷淡地和他打招呼，几乎没有看他一眼，在内心里和表面上都只专注于席勒；那位陌生人很久都一言未发。席勒拿来了《塔利亚》并把它交给我，上面刊登着我的《许佩里翁》片段和我的那首献给命运的诗。接着席勒走开了一会儿，

---

① 费希特于1794年夏天接受了在耶拿的教职。

那位陌生人从我站在一旁的桌子上那起那本杂志，在我身旁翻看着那一片段而且一言不发。我感到，我的脸变得越来越红。假如当时我知道现在我所知晓的一切的话，那么我会面色惨白的。接着他朝我转过身来，打听卡尔卜太太以及我们村子那一地区和邻居的情况，我用我可能很不习惯的三言两语的简短方式对这一切做了答复。但那是我不幸的时刻。席勒又进来了，我们谈论魏玛剧院，那位陌生人随意说了几个足以令我预感到什么的重要的词。但我还是没有任何预感。来自魏玛的画家迈尔①也来了。那位陌生人和他谈了些事情。我走了，并于当天在教授俱乐部里听说，（你会怎么想呢？）歌德这天中午曾在席勒处。如果我去魏玛的话，上天帮我弥补我的不幸和愚蠢的举动。后来我在席勒家进晚餐，他尽量安慰我，也用他的开朗和显示出他的大度的闲聊让我忘记我第一次来便遭遇的不幸的事。我有时也去尼特哈莫②那儿。下次再写一些关于耶拿的情况。亲爱的兄弟，你也尽快给我写信！

---

① Johann Heinrich Meyer（1760—1832），是受歌德赏识的画家和艺术史家，自 1792 年起在魏玛绘画学院做教授。

② Friedrich Immanuel Niethammer（1766—1848），自 1793 年起在耶拿做教授，荷尔德林在蒂宾根的教会学校与他结识。

你的

荷尔德林

1794 年 11 月某日，耶拿

我的地址是：寄往⋯⋯于弗格提什的花园

关于费希特和康德哲学

致　黑格尔 [①]

　　你的信是对我第二次到耶拿表示的愉快欢迎。12 月底我与冯·卡尔卜少校夫人以及我的学生一起去了魏玛，我在那儿和他单独过了两个月，没想到这么快就回来了。由于我自身的特殊情况，在我的教育事业中我必定要遭受各种苦难，我虚弱的健康和为自己至少再活一段时间的需求（在此地的逗留使这一需求越发强烈）促使我在出发去耶拿前向少校夫人讲了要离开我的朋友关系的愿望。她和席勒劝我再做一次尝试，但这种乐趣我最长只能忍受 14 天，因为此外它几乎让我彻夜不宁。现在我十分安宁地回到了耶拿，回复到一种独立的状态中。其实我现在才在生活中第一次享受这种独立

　　[①]　在荷尔德林 1794 年 7 月 10 日给黑格尔的信与这封信之间，荷尔德林至少还给黑格尔写过一封信。因为黑格尔 1795 年 1 月告诉谢林："荷尔德林有时从耶拿写信给我……他听了费希特的课，激动地把他说成是位为人性而斗争的泰坦巨人，他的影响力肯定不会局限于讲堂内。"

性，希望它不会徒劳无益。我的创作活动几乎全部是围绕我的小说①的素材进行重构。在《塔利亚》中的片断就是对大量尚未加工的素材的一种改编。我想到复活节时完成这项工作，在此期间先对此保持沉默。你可能还记得《果敢之守护神》，我已将它改编过，和其他几首诗一同投给《塔利亚》。席勒很关心我的工作，并且鼓励我为他新一期的《号角》杂志投稿，也为他将来的缪斯年鉴投稿。

兄弟，我已和歌德谈过了。发觉如此高贵的伟人能这么富有慈爱之心，这是我们生活中最美妙的享受。他是那么温和而且友好地和我交谈，以至于每当我想起这一情景，我就心花怒放，现在还是这样。赫尔德也很真挚，抓着我的手，更多地显示出他是位善于处世的人；正如你也知道的那样，他说话常常是比喻连篇。我还会再去他们那儿几次。冯·卡尔卜少校一家将可能住在魏玛（所以这位老兄不再需要我了，我可以快些道别），尤其是我与少校太太之间的友谊使我可能经常到这家做客。

你会对费希特的富于思辨的篇章——整个科学学说的基础感兴趣的，还有他出版的有关学者使命的讲义。起初我怀

---

① 这里所说的"我的小说"指的是《许佩里翁》（Hyperion）。

疑过他的教条主义学说①。如果允许我猜测,他似乎已处于或仍处于转变关头。他想在理论上超越有关意识的事实。他的许多言论都说明了这一点。这的确有些而且比那些迄今为止想超越世界存在的形而上学者更具异乎寻常的超验性。他的绝对的我(＝斯宾诺莎的实体)包含一切现实(alle Realität)。它是一切,除此之外别无他物。对于这个绝对的我而言不存在客体,否则的话在它身上就不会存在一切的现实。但没有客体的意识是不可想象的。如果我自己是这一客体的话,那么作为这样的东西必定是有限的。如果客体只存在于时间中,那就不是绝对的。如果在绝对的我中没有意识是可以想象的,那么我作为绝对的我就没有意识:倘若我没有意识,倘若(对我而言)我什么都不是,那(对其自身来说)那个绝对的我就什么都不是。

当我读了他的最初几页,刚看完斯宾诺莎的书之后,我在瓦尔特豪森写下了我的想法。费希特证实了我的……

他对我与非我(Ich und Nicht - Ich)的转换定义的解释(按照他的话来讲)有些非同寻常,还有追求的理念(die Ideedes Strebens)等等也是如此。我得打断一下,请你

①　这里的教条主义指的是康德以前的思维方式,这种思维方式把绝对假定为既有的,并想从中推导出认识。

把所有这一切看作我从未成文的东西。你着手研究宗教概念，从某些方面考虑这肯定是有益的而且是重要的。你可能同时研究康德的目的论（Teleologie）和天命这一概念（der Begriff der Vorsehung）。他把自然机械论（Mechanismus der Natur）（也就是命运的机械论）与自然的合目的性统一在一起的方法，在我看来正包含了他的体系全部精髓，这当然是他用来化解一切二律背反矛盾的方法。费希特在考虑矛盾体的时候有一种很不同寻常的想法，关于他的这种想法我愿给你再写一封信。很久以来我一直在思考民众教育（Volkserziehung）的理想这一问题，因为你恰巧从事民众教育的一部分——宗教问题的研究，所以我就选取了你的形象和友谊作为通往外在感观世界的思想导体，并且在适当的时候把我本该可能晚些时候才会写的内容写在信里寄给你。你得评判并且修正这些信……

1795 年 1 月 26 日，耶拿

如何引导人们接近终极目标以及费希特哲学

致 弟弟

亲爱的弟弟，很久以来我一直是你的负债者。但却无法用言辞来报答你兄弟般纯净的心灵的表白所给予我的欢乐。我根本不知道我该怎样做才配得上我从所有的亲人们那儿感受到的如此之多的爱。

我们亲爱母亲的善良总是令我自惭形秽。即便她不是我们的母亲，即便这一善良不是给予我的，我也一定会为在世界上能有这样一个人而永远感到快慰。噢，我的卡尔！这为我们减轻了多少义务！如果这样一位母亲的关爱没有在我们的精神成长过程中始终令我们坚强，那在我们胸中肯定没有人的心肠。我认为，亲爱的弟弟，你选择了一条正确的路。在你心中蕴含着对责任的毫不利己的情感。你的心灵在成长，借助其他高尚的人们的帮助发展着这一情感，他们的著作是你的朋友。你心中的情感成为了纯粹的坚定不移的准则，思想不会扼杀这一情感，而是使之变得确定和稳固。根据这一责任的观念，也就是说根据准则，人应该永远如此行事，以便使作为其行为出发点的思想能成为对所有人都适用的准则。人应该如此行事，只是因为他应该，因为这是其本性中神圣的、不可改变的准则（正如每个用公正的眼睛审视其良心、审视在一个个单一的行为中表露出的，对那一准则感觉的人都能发觉的那样），也就是说，你在我们道德观念的那种神圣准则的基础上建立起对你权利的评判。不断接近那一神圣准则是你最终的目的，是你所有追求的目标，你的这一目标是与叫做人的一切有关。对于为实现那一最高目标而必不可少的方式，对于为了接近你那从未企及的完满的美德而不可或缺的一切，你都有一份权利。在此最不可或缺的当然是意志的自由（如果我们没有做善事的意愿，那我们就无法有善举。出于强迫而做的事不是善良意愿的行为，也就是说在本义上并非是善意的。可能是有用的，但却不是好的；可能是合法的，但却不是符合道德规范的）。因此你的生命力就绝对不会局限于一种方式，通过这一方式你的生命力会或多或少不适宜地变为你的命运，因此你的生命力也就不会创造任何成果。只要你不容忍对你的生命力或对其成果的如此的局限，你就会维护一种权利，无论是言辞上的权利或是行动上的权利。当然在这个意义上每个人都有同样的权利。没有人无权以一种方式运用其生命力或是生命力的成果，不管他是谁，只要他是人，这种方式或多或少地阻碍他接近他的目标，即尽可能崇高的美德。

但因为在人世间这一目标是不可能的，因为它在任何时候都无法企及，因为我们只能在一种无尽的进步中靠近它，因此对一种无尽的延续的信念是必要的，因为毫无疑义，在平稳中无尽的进步是对我们的准则提出的无可辩驳的要求。但没有对自然之主的信仰，这种无尽的延续是无法想象的。他的意志所要求的正是道德法规对我们的要求。他当然也一定希望我们不断地延续，因为他希望我们平静地不断进步，并且作为自然之主的那个人也有权利实现他想做的事。当然这是人性化地来谈他，因为无限的意愿与行为是同一的。这样以这一神圣的法规为基础，在我们心中建立起对上帝和不朽的理性信念，也建立起对我们命运的明智的引导的信念，只要这一引导独立于我们；越是确信最高的目标是最可能的高尚的美德，我们就越有必要将这一目标视为最高目标，就越有必要相信，事物在我们的意志所不能企及的地方如他们所希望的那样在行进，然而却共同为那一目标发挥作用，也就是说，一个神圣的、睿智的人① 有能力在我们的意志力所无法企及的地方为那一目标安排好诸事。我想，我本还要说些什么，但我停下来，因为我也想言简意赅地对你讲讲费希特哲学的一个主要特点。人心中蕴含着一种通往无限的追求，一种行为，它使任何限制、任何静止的状态都根本无法持久地在人身上成为可能，而是力图使人变得更为开阔、更自由、更没有依赖性；这种存在于一个具有意识的人的（费希特所说的我的）天性中、按其冲动来说是无限的不受限制的行为是必要的，但对于具有意识的人而言；对这一行为的限制也是必要的，如果行为不受限制、没有缺陷的话，那这一行为便是一切，在它之外则会是虚无；同样，如果我们的行为不遭受到来自外部的阻力的话，那么在我们之外便是虚无，我们会一无所知，我们将没有意识；如果与我们相对立的是虚无，那么对于我们来说则不存在对象；但是，限制、阻力以及受阻力影响而导致的苦难越是必要，对无限的追求也就越是必要，它是一种存在于一个有意识的人身上、按其冲动来说永无止境的行为，因为如果我们不追求无限、不从一切的限制中摆脱出来的话，那么我们也不会感到有某种东西会与这种追求相对立，同样我们也不会感到任何与我们不同的东

———————
① 此处的"人"原文为"Wesen"，其实指的就是上帝。

西，我们会一无所知，我们便不会具有意识。——在我必须用尽可能简洁的方式表达我的想法的时候，我表达得如此清楚明了。我一直在钻研这个问题，直到今年初冬，这事有时令我有点头疼，更何况因为我通过研究康德哲学习惯了在接受之前先予以检验。——尼特哈莫也请我参与他的哲学期刊的工作，因此今年夏天我有相当大的一堆工作要做。应席勒的动议，蒂宾根的科塔出版了我的小作①，我跟你写到过这本书；席勒希望要是科塔来这儿的话，他会支付我多少稿酬就应该定下来，预计在 14 天以后。我希望，现在不必动辄就麻烦我们亲爱的善良的母亲。我怀着衷心的谢意感谢她为我寄来的东西；我将永远不会忘记，处于目前境况中的我曾得到过如此善意的支持。

席勒可能会住在这儿。如果我留在这儿的话，我可能会于明年秋天在这里参加考试。这是给予我授课许可的唯一条件。我对教授头衔不感兴趣，这里只有几个人的教授薪金是可观的。很多人甚至没有薪金。——我还得讲一次愉快的短途旅行的一些事。因为在坐了整整一个冬天之后，我很想活动一下，而且正好还剩下几个法国塔勒，我就做了这次旅行。不过我还得把这事留着写在给我亲爱的妹妹里克的信

① 指《许佩里翁》（*Hyperion*）。

里。——我将万分感激地接受她答应给我的漂亮的背心。如果我照实说，我在箱子里还有没穿过的背心——我从瓦尔特豪森带回的礼物，也许不会令亲爱的母亲感到不悦。相反，我倒急需几条裤子。不是吗，亲爱的！我有点冒失。下周三我一定给亲爱的里克写信，今天时间不够了。

保重，千万次问候所有人。

1795 年 4 月 13 日，耶拿

对席勒的敬重是一种复杂的情感

致 席勒 [①]

我清楚地知道，离开你的身旁，我无法不造成内心的创伤。我现在对这一体验有日益强烈的感受。

真奇怪，人会在一个人物的影响下发现自己很幸福，即使他并没有通过口头传播对人发挥影响，而只是因为他近在咫尺，以至于每远离他一英里，人们就会越发感觉到没有他的缺憾。假若不是这种接近常常在另一方面令我感到不安的话，那么即使动用我全部的动机，我都难以下定决心离开。我总是试图见到您，而见到您后又总会感到我对您而言可能一无是处。我清楚，我必然因为我高傲的要求而付出痛苦的代价，我是如此经常地在心中感到这种痛苦；因为我曾想我对于您是如此的有价值，而我现在不得不说，我对于您而言

---

① 1795 年 5 月底，荷尔德林离开了耶拿。突然动身离开的原因并不很明确，荷尔德林自己对此只是做过暗示。

可能一无是处。但我随后却清楚地意识到，我这么说想表达的到底是什么意思，只是想对此做些许自责。如果这是以这种方式寻求满足感的虚荣心的话，一旦他得到认可，虚荣心便会向一位伟人乞求友好的一瞥，为的是用受之有愧的恩赐来慰藉自己的贫瘠，如果这个人无法满足虚荣心的小小的愿望，那么他对于虚荣心而言便无足轻重，如果我的心把自身降低到这样一种卑下的宫廷侍役的地位的话，我自然会深深地蔑视自己。但令我高兴的是，我能够如此确定地对自己说，在某些美好的时刻，在我能够判断的范围内，我纯粹、没有任何杂念地感受到了我所敬重的人的价值，并且我的那一期望对他有益的追求从根本上说无异于是一种正当的希望：以整个人接近善、美、真，无论能否接近它们；人不愿在此只是他的裁判，这也肯定是合乎人性的，肯定是自然的。

很奇怪，我对您做了这番辩解。但正是由于实际上这种忠诚对我来说是神圣的，我将它在我的意识里与一切可能由于某一外在的相关性而亵渎这一忠诚的东西分离开来，为什么我不该对您表白显现在我面前的忠诚模样，因为它是属于您的？我只想每月去您那儿并常年丰富自己。此外，我将努力好好维护我从您那儿带来的一切，使之葱郁繁茂。

我很孤独，但相信这对我是有益的。向您附上我朋友诺伊弗尔的几首诗。一旦他如愿完成通篇的修改，他会冒昧地再给您寄一首。

要是您允许，我也再给您寄几首诗作。

在我附上的文稿① 这项工作中常有令我苦恼的事，那就是我第一次在您的直接推动下从事的工作没能做得更好。我永远怀着敬重。

您的

崇敬者

M. 荷尔德林

1795 年 7 月 23 日，斯图加特附近的尼尔廷根

---

① 指 *Ouids Phaëthon* 的译文。

对教育孩子的一些新设想

致　约翰·高特弗里德·埃贝尔 [1]

我值得敬重的朋友！

您友好的来函令我无比高兴。对我来说，生活在与我一起分享我的需求和信念的人们中间的那种幸福将随着岁月的流逝越发难得；因此，我更要为此感谢那个令我相信他在我身上找到了他的一部分本性的人。

您善意地打探我旅程的结果。对我来说，大多数时间都很有趣，因为它的大部分时间回响着您曾在那几个美好的钟头里告诉我的话。

我或许可以说，我不会轻易希望在别的什么地方找到我

---

[1]　约翰·高特弗里德·埃贝尔（Johann Gottfried Ebel，1764—1830），医生，自然研究者以及作家，自 1792 年起生活在法兰克福，是贡塔德家的朋友。作为法国大革命的狂热追随者，他在 1796 至 1802 年间多次肩负（法兰克福市以及瑞士的）官方和非官方的使命前往巴黎。1795 年 6 月中旬他在从耶拿回尼尔廷根的回乡的路途中与荷尔德林在海德堡相识，并为荷尔德林介绍了在贡塔德家做家庭教师的工作。

期待从与您的交往中可以得到的那些美好岁月，我不会期望从任何别的关系中使我的内心世界有所获益，这一收益我要归功于那些非凡的人们[1]，可能是您的友好和我的良好意愿把我与他们联系在一起。您看到，我曾有充分的理由让自己在此期间保持自由。如果不是我相信，单单只是对自身发生影响可能是不被允许的并且是不合适的，在我们目前的世界上，个人教育可能几乎是期望并努力培育人的人们得以逃避的唯一避难所的话，那么诸多失败的努力或许已决定了我永远不会如此轻易地从事教育。在我从前的境遇中，人与天性和我是如此地抵触。

我可敬的朋友！请您不要因此担心[2]，我会期待我或者是孩子出现奇迹！我清楚地知道，为了期待从我身上出现奇迹，尤其是在教育的每一种操作方式中有多少的不当，而且我的实际执行情况常常低于计划的水准。我清楚地知道，天性只是阶段性地发展，它把诸力的强度与内涵分摊在个体中，为的是指望孩子身上出现奇迹。——我相信，人们迫不及待

---

① 首先是指贡塔德一家。

② 有过在瓦尔特豪森的教学经历，荷尔德林的新的教学纲要与他的第一个计划（见1794年3月20日致席勒的信）在很多方面正好相反。他在之前的教学纲要中称发展理性和唤起道德自由的意识是教育的首要目的，而现在他认为其最迫切的使命是用一个"更美好的世界"来关怀这孩子。

地奔向目标的急躁情绪是礁石，恰恰是最优秀的人们常常受挫于此。在教育方面也是如此。人们非常想在6天之内完成其创世之作；孩子常常要满足其尚不具备的要求，不依靠理性来倾听并理解理性的事物！这使教育者们变得专横且不公正，因为他们用正确的方法无法达到其意图，这使得教育者和学生同样地不幸。

我确信，在这儿与在别处一样，公正性是人们要遵循的第一法则，我非常乐于相信，在这儿与别处一样，普遍的、贯穿到最细微的细节的始终如一的公正性也是最杰出的明智。

因此，我不会过早地要求我的学生运用理性的方法，直到他具有理性，直到他有朝一日可能达到其更高和最高需求的意识或者感觉。但如果我不在他可能具有理性之前要求他具备理性，那么我会对他一无所求，直到他有朝一日他可能给予我将其视为一个理性的人的权利。因为我对他的要求只是我为了理性的目的而提出的要求，或者是如人们通常所称的或表述的那一人们应当以此出发来行动的最高准则。（因为您将把这作为我的前提，即如果人们对孩子有要求，那么按理性的方式，人们不要像在某种哲学体系中表现的准则那样唤起行动的准则，而是要根据其年龄和个性，像准则对于这孩子可能显现出的那样去唤起它。）

卢梭是对的：教育的第一重要要素就是使一个孩子适宜接受教育[①]。

我一定要把孩子从其无辜的但却是有局限性的本能的状态，从天然的状态引领到一条他可能会走向文明的路上，我一定要唤醒他的人性，他更高层次的需求，为的是尔后再把方法交给他，他定会试图以此来满足那一更高层次的需求；一旦在他身上唤醒了那一更高层次的需求，我就可以而且一定会要求他，永远在自身中让这一需求保持活力并永远为实现这一需求而努力。但卢梭在这方面是不正确的，他想静候，直至人性在孩子身上觉醒，在此其间绝大部分时候满足于一种消极的教育，只是抵御坏的印象，而并不寻思好的印象。卢梭曾感受过那些人的不公正，他们不想用长剑，而想用荆条把孩子从其天堂，从其兽性的状态中驱赶出来，并陷入——如果我正确地理解他的意思的话——相反的极端。如果孩子被一个不同于现今世界的另一个世界所环抱，那么卢梭的方法可能更适宜。我定会用这一另外的、更美好的世界拥抱孩子，但并不把它强加给他；不带任何非分的要求，我一定要

----

① 原文为法文 "la première et plus importante éducation est, de rendre un enfant propre à être élevé."

像天性顺应他那样，把那些足够伟大且美好的事物带到他面前，唤起他更高层次的需求，对更为美好的事物的追求，或者如果人们愿意，唤起蕴藏在他身上的理性。我相信，如果用选择和描述的方式——按照完全适合我面前的这个孩子和个体的方式，比如用利维尤斯①和普鲁塔赫②所写的生动的细节——讲述那些更为美好的时代的历史，那么它就可能成为那个孩子的世界。但我不会问这个孩子他是否记住了讲过的内容，因为这并非与历史有关，而是与历史对心灵的影响有关，只要这孩子一把历史看成是记忆或者理解训练的一种手段，那么企图达到的效果就会落空。

　　但正如所言，因为我不想在这一时期对我的学生有任何要求，但看起来却很有必要给他上他日后可能不想听的课，因此我一定会需要那些现已存在并足以胜任这一目的的诸多冲动，像模仿的冲动、好奇的冲动，等等。我相信，孩子不可能连也许被他隐瞒起来的东西都想不起来。如果地理学不

――――――

① 利维尤斯（Titus Livius）（前59—前17），罗马的历史作家，其重要的历史作品《自（罗马）城建立以来》（"Ab urbe condita"）只有部分留存下来。

② 普鲁塔赫（Plutarch），希腊作家，（46前后—120前后），他撰写了一部关于著名的希腊人和罗马人的《对比性的生活描写》（*Parallere Lebensbeschreibungen*）的文集。这部作品对荷尔德林和卢梭皆产生过很大影响。

像通常一样是死板枯燥的地理学，如果用经过适当处理的描写旅行的方法使地图富有生气，那么这堂课就会像我所想的一样，得以不带强求和强迫地传达给孩子。如果这孩子每天都能察觉到算数是如何成为诸多有用的工作的一个重要的组成部分的话，那么他可能也会喜欢干诸如此类的事，我承认，我对这篇关于教课的文章寄予很多期望，因为它给予学生的——就像数学一样——更多的是严格秩序的图像，而不是别的什么东西。想系统地教孩子一种语言是很难的，如果在孩子有能力朝着一个自由选择的目标努力之前就这么做的话，那么强求与不公正的要求就会在所难免。然而人们可以通过谈话的方式对一门语言相当得熟悉。首先教法语就可能是如此。——我只会在理性的法则必定要处处维护强制的时候，在人需要对自身或者是别人施行非法的暴力的时候才会运用强制力。

如果不是我认为有必要让您以及您高贵的朋友们了解我在这一工作上的思考方式的话，那我就不会用这些表白来烦扰您了。然而对于这一意图我说的太少。言辞很少能证明意愿。但请允许我对您说，正如我对自己的期望，我同样会像这对高贵的父母一样全心全意地关心他们出色的孩子们。如果我能够在一天中有几个小时用来安静地培育和保养我虚弱的身体的话，那么我也可能不会总是乏力。与那些接纳我的有教养的人们的交往将使我为我的学生们开朗且强健起来。

　　如果您想为另外一个家庭物色一位教师的话，那我就向您推荐一位年轻的学者①，他目前在瑞士，我一想到他，他几乎可能是我在这一情况下的最佳人选。我猜想，可以聘请到他。——请您代我向您那些值得尊敬的朋友们致以问候。怀着真挚的敬意。

您的

朋友

M. 荷尔德林

1795 年 9 月 2 日，尼尔廷根

---

　　① 指黑格尔。

试图发展一种无限进步的哲学理念

致 席勒

请您原谅，尊敬的枢密官先生！经您允许，我这么晚才将文稿①呈递给您，而且它是如此单薄。疲惫和郁闷妨碍我完成我期望做的事。要是我过一段时间再把它给您寄去的话，您或许不会生气。我是属于您的——至少是作为无主之物；当然还有那些我结出的酸涩的果实。

对我自身以及对我周围的一切的厌恶迫使我进入抽象之中；我试图发展一种无限进步的哲学理念②，我试图表明，必须对每一种体系提出的严谨的要求，即在一个绝对

---

① 指的是《青春之神》（Der Gott der Jugend）和《致大自然》（An die Natur）这两首诗，本打算发表在1796年的《艺术年鉴》"Musenalmanach"上，但威廉·冯·洪堡（Wilhelm von Humboldt）的评判使席勒决定拒绝发表第二首诗，在一封于1796年3月写给诺伊弗尔的信中荷尔德林抱怨过此事。

② 如下的论点源于荷尔德林与费希特的争论，而且它同时也是荷尔德林与谢林在蒂宾根谈话（1795年7月21日至8月30日）的概述。

之我——或者随便称它什么——中达成主客体的统一虽然在审美上是可能的，但以理智的观点来看，却只有通过无限接近才有理论上的可能，就如同四边形接近圆一样，而且为了实现思想的体系，不朽（Unsterblichkeit）是不可或缺的，正像对于行动的体系它同样是不可或缺的一样。我相信由此可以证明，那些怀疑主义者们在多大程度上是正确的，在何种程度上是不正确的。

每当我回忆起您对我袒露心扉的那些时光，我常常像是个被放逐者，您没有对那面毫无光泽的、未打磨光滑的镜子生气，您在这面镜子里常常无法辨认出您的容貌。

我认为，能够给予但不索取，在"寒冷的冰"上也能"温暖"[1] 自己，这是非凡之人独有的品质。

我只是过于频繁地感到，我不是非凡的人。我在包围着我的严冬里结冰、僵硬。我的苍穹越如铁幕，我就越是冷漠。

十月份我有可能得到一份在法兰克福的家庭教师的职位[2]。

也许我要以此向您表示歉意，在一定程度上我把向您汇报当成了义务；但这么做的话却会违背我的心。能对您说些

---

① 出自歌德的《威廉·迈斯特的学习时代》。
② 指在 Gontard 家。

什么，能对您说些我的事，这几乎是我唯一骄傲，我唯一的慰藉。

永远是您的

崇拜者

荷尔德林

1795 年 9 月 4 日，斯图加特附近的尼尔廷根

接受到朋友处做客的邀请

致 约翰·高特弗里德·埃贝尔

我值得尊敬的朋友!

我怀着谢意接受您友好的邀请。我希望，能更进一步地令您和您高贵的朋友们信服，我是多么重视把我曾希望的事变为可能。

我希望下周可以动身。虽然我不太舒服已经有一段时间了，但所有迹象表明，这种状况不会再持续一个星期。

您好心地想为我找一处住房。假如我可以住在您的附近的话，那会令我万分惬意，我或许可以在餐桌上结识您的朋友? 如果您在这件事上也为我尽力并做好预约，那么我会请您只操劳一顿午餐。如果只是谈我的意愿，我不吃晚饭①。

请您事先使您的朋友们确信，他们完全可以从某些糟糕的境况评价我身上的自然或不自然的、原本的或偶发的缺陷，

---

① 荷尔德林以前在耶拿的时候为了节约每天就只吃一餐。

可我有足够的勇气和决心，通过他们的反感来使自己受到教育，得以改进。在我尚可以希望以前，我真的愿意以这一方式接受检验，被人了解，直截了当地列举我在自身中所要克服的一切，尤其是我作为教育者在自身中要克服的一切，即使在另一方面我本不必认为，如果人们敢于公开承认，那么看起来人们似乎想把缺点变成美德并从其缺点中获益。

我现在要不情愿地中断了。我现被其他事物极度分心和逼迫，以至于我无法再平心静气地对您讲我的事，我会弥补的。请您相信，我知道很快能在与您和您朋友们的交往中充实我自己那种幸福的价值。

祝您在其间安好。请让您的高贵的朋友们相信，您可以从我的心灵中察知的一切。

您的

真正的朋友

荷尔德林

1795 年 12 月 7 日，尼尔廷根

能否请您把这封信寄给辛克莱尔。

想写《关于人的审美教育的新书简》

致　伊玛努埃尔·尼特哈莫

我尊敬的朋友！

　　我日复一日地推迟告诉你关于我的消息。要不是你提醒我想起我许下的诺言的话，我也许会把欠你的这封信拖得更久。此举你做得如此含蓄，以至于我羞愧难当。你问我在新的境况中感觉如何，以及我在耶拿就答应你要写的那些文章是否很快即告尾声。

　　我身处的新环境是可以想象的最好的环境。我有很多空闲来干自己的工作，而且哲学几乎重又成为我唯一的事情。我打算研究康德和莱因哈特[①]，并希望在这项工作中把我的由

———————

　　①　莱因哈特（Karl Leonhard Reinhold，1758—1823），耶拿教授，他曾编撰《关于康德哲学的书信》（*Briefe über die Kantische Philosophie*）（1786/1787），以此普及康德的著作；稍后他转向费希特研究。

于徒劳的努力[1]（对此你是见证人）而变得涣散和削弱的精神从新集中并强健起来。

但来自耶拿的回声仍在我耳际鸣响，十分宏大，并且回忆的力量过于强大，以至于我现在无法痊愈。不同的线在我头脑中盘根错节，我无法将之理出头绪。对于一项如前面提出的那一哲学任务所要求的持续而艰巨的工作，我尚不够专注。

我想念与你的交往。时至今日你仍是我哲学上的良师益友，你让我谨防抽象的建议今天对于我来说是如此宝贵，就像从前当我让自己身陷其中、每每无法与自我认同时它对于我而言那么可贵。哲学是一位暴君，与其说我是自愿屈从于它，勿宁说我是在忍受它的强制。

我想在哲学书信[2]中找到这样一个原则，它向我解释我们在其中思考并存在的那些区别，并且它也有能力消除矛盾，介于主体与客体之间、介于我们自身与世界之间、甚至是介于理性（Vernunft）与领悟（Offenbarung）之间的矛盾——从理论上说，在理智的认识中，无须我们的实际的理性的帮

----

[1] 指教育 Fritz von Kalb 这件事，它使荷尔德林陷入精神与心灵的危机之中。

[2] 在此所应允的书稿没有完成，但其中一些相关的思想可能出现在 "Hermokrates an Cephalus" 的片段中。

助。我们为此需要审美意识，我将把我的哲学书信称作《关于人的审美教育的新书简》。我也会在其中从哲学谈到诗歌与宗教。

我在临行前见过谢林①，他很高兴参与你的杂志工作，由你引入学术界。我们之间的磋商并非总是意见一致，但我们却一致认为，以书信的形式可以最清楚地表达出新的观点。正像你将知道的那样，在他在那条更差的路上抵达目标之前，他已怀着他的那些新的信念走上了一条更好的路。告诉我你对他最新东西的评价。

代我向所有友好怀念我的人问好，为我珍藏你的友谊，它对我是如此宝贵。如果我能很快通过成果令你感到愉悦的话，那将是对我的最美好的奖赏，关于这些成果我会说，你的培育与照料促进了它们的成熟。

你的

荷尔德林

1796 年 2 月 24 日，美因河畔的法兰克福

---

① 谢林于 1796 年初在尼特哈莫的杂志上发表了《关于教条主义与批判主义的哲学书简》（""*Philosophische Briefe über Dogmatismus und Kritizismus*""）。

劝黑格尔在高格尔先生家做家庭教师

致　黑格尔

最亲爱的黑格尔！

终于可以了。

你记得，我在夏初谈及过一个很不错的职位，要是你来这儿到那些所谈及的正直的人中间的话，不论是为你或者为我，这都是我全部的愿望。

战争带来的不安可能是为什么我这么久未收到回音的主要原因。我整个夏天都在卡塞尔和威斯特法伦，也是完全无法给你一些这里的消息。

前天高格尔先生[①]意外来访并对我说，如果你有空并对这一条件感兴趣的话，那他会很高兴的。你开始时要教两个不错的 9 至 10 岁的男孩，尽可以无拘无束地住在他家，还

[①]　高格尔（Johann Noë Gogel，1758—1825），法兰克福的大葡萄酒商，拥有可观的艺术收藏。黑格尔于 1971 年 1 月作为教育者到他处任职。

有一点并非无关紧要，你会在你的男孩们的隔壁住一间自己的房间，会对经济条件感到很满意的；另外关于他和他的家庭我不该写过多的溢美之词，因为好奇的期待总是难以满足，但如果你想来，他的家每天都对你敞开。

现在是评论！你的收入不会低于400块。就像对我一样，会为你支付旅费，可能预计是10个加洛林。每个年市你都会收到一份十分可观的礼物。一切全都是免费的，理发、修面和其他的琐事除外。你将在餐桌上饮到很不错的莱茵河葡萄酒以及法国葡萄酒。你将下榻的房子是法兰克福最漂亮的房子之一，并且它位于法兰克福最好的位置之一。

你会发现高格尔先生和太太是不苛求、无拘束并且理智的人，由于他们的友善和财富，他们拥有过社交生活的职业，但他们的大部分时间却在为自己而生活，因为他们（尤其是夫人）不关心法兰克福的社交界里的人物，以及他们的刻板与精神和心灵的贫乏，并担心被它玷污，不愿他们的家庭欢乐被败坏。相信我，最后的这一点说明了一切！最后，亲爱的，让我请你也能把这一点记在心间。——一个人，他在其境遇和性格的纷繁变幻中却仍在心灵、记忆和精神上忠实于你，将比任何时候都更彻底并更热情地做你的朋友，欣然且愉快地与你分享你天性中的每个兴趣以及生活中的每件事，只有你是他的美好处境的缺憾，如果你来这里的话，此人与你住得并不远。真的，亲爱的，我需要你，并相信，你可能也会需要我。

如果我们有朝一日准备去劈柴，或者买卖鞋蜡和头油，那我们要问，在蒂宾根当辅导学生备考的老师[1] 是否可能会更好些呢。那项基金在整个符腾堡和帝王的行宫下，闻起来就像是一具棺柩，里面已经蠕动着各式各样的蛆。说真的，亲爱的，你不要故意把你的精神投入到这么无法令人忍受的尝试中去。

这里的所有商人在这方面几乎都遵循这一规则，由此定能向你证明，你可以相信我对你所说的关于经济方面的事。你尽可以对主要的数目放心。我从诸多可靠方面获悉此事。我对高格尔先生说，只要你觉得有必要，我会请你在一封给我的信中表达你对这一条件的想法和你的愿望，我想把它交给他去阅读。你可以通过这种方式对所有的一切做修正，或者，如果你更愿意径直过来。现在让我们使此事尽快有所进展。另外，高格尔先生对我说，在不得已的情况下他也可以

---

[1] 黑格尔有一段时间曾打算做教会的辅导老师。

等几个月。我还有话要对你说，但你的到来必定成为一本关于你我的长而又长、有意思的而且不迂腐的书的序言。

你的

荷尔德林

1796 年 10 月 24 日，法兰克福

向席勒索要未发表的诗稿

致　席勒

最值得景仰的人！

　　我再也无法像以前那样倾吐我发自内心的话语，这常令我悲伤，而您对我的全然缄默实在令我摸不着头脑[1]，每当我重新对您提起我的名字，总是不得不至少是找些随便什么小事做托辞。

　　此次，这一无关紧要的托辞是个请求，请您把那些在您今年的年鉴上难以找到位置的不幸的诗还给我再审阅一下，因为我于八月间从卡塞尔寄给您的手稿是我拥有的唯一的一份。

———————

[1]　荷尔德林离开耶拿后给席勒写的三封信都未见回音。

请您不要认为附上您的评判是无益的徒劳，因为即使是在这方面一切都比您的沉默更易于承受。

我还清楚地记得你给予我的每一个最微小的关切的表示。当我还在法兰克的时候，你曾给我写了几句话，每当我被误解时，我总要重温它们。

您改变了对我的看法吗？您放弃我了吗？

请您原谅我的这些问题。对您的忠诚迫使我不得不提出这样的问题，当忠诚是尚未离我远去的激情，我时常与之作徒劳的斗争。

要是您不是那唯一的一位令我失去自由的人的话，对此我会自责的。

我知道我将不会安宁，直至我通过某些成就与成功再次赢得您满意的表示。

如果我没有谈及我的工作，您不要以为我是在休息。但很难忍受令人失去就像我曾拥有或者梦想过的那种友爱的挫败感。

我很难堪，对您所说的每个词我都谨小慎微，然而当我面对自己发现了另外一个人时，那我基本上已克服了青春的胆怯。

请您对我说句友好的话，你会看到我发生了怎样的变化。

您真正的崇拜者

荷尔德林

1796 年 11 月 20 日，法兰克福

理念先于概念正如趋势先于行为

致 席勒

高贵的人！我将永远不会忘记您的来信。它给予了我新的生命。我深深感到，您对我最真实需求的评判是如此确切，我越发心甘情愿地听从您的建议，因为我的确已经选择了一个通往您给我指明方向的道路。

我现在把这种形而上的心绪看成犹如精神上的某种处女的特质，认为对素材（Stoff）的羞怯（不论这种羞怯本身多么不自然）作为人生的阶段却是十分自然的，而且就像一切对特定状况的逃避一样，在一段时间内是有益的，因为羞怯在自身中保存住力量，因为它使挥霍浪费的青春生命得以节制，直到青春生命成熟的丰溢促使自身参与到丰富多彩的客体（Objekte）之中。我也认为，不仅精神和生命的一种更为普遍的活动在内容和本质上先于那些更明确的行为和观念，而且理念（Idee）在人类天性的历史发展过程中也的确在时间上先于概念（Begriff），正像趋势（Tendenz）先于（特定的、有规律的）的行为（Tat）一样。我视理性（Vernunft）为知性（Verstand）的开端，如果善良的意志（der guteWille）犹豫迟疑并且拒绝成为有用的意图（nützliche Absicht）的话，我认为这正是人类天性的典型特征，就如同哈姆雷特很难出于那个唯一的目的——为父报仇——采取某些行动一样，这一点是哈姆雷特的典型特征。

我一向有不胜其烦地与您聊我的思考（Räsonnement）的习惯，但我认为这样的一种开场白是有必要的，为的是更真实地对您表白我自己，而您可以看清其中的缘由并谅解它。

您会问，英国译者寄给您的那部《阴谋与爱情》的译稿①何以会经过我的手转给您呢？

我的一位朋友——斯图加特的墨格伶秘书，与符腾堡的王子一起在伦敦逗留了一段时间，在归途中来看望我，因为他知道我有与您相识的殊荣，便把给您寄书稿的这一使命托于我，或者实际上他愿把这一快乐让给我。书的出版商先是把它寄给我的朋友，他同样向您致意并表示，希望在您的最新著作问世之际就立刻得到它们，他已着手出版您所有作

---

① 英译本名为 "The Minister"，由 M. G. Lewis 译，London（J. Bell）1797。

品的译著。如果亲自满足这一愿望对您来说是烦劳之举的话，我会荣幸地依从您的安排与这位出版商取得联系。

我由衷地感谢您好心地将我的《漫游者》[①] 收入《时序》[②] 中。请您相信，我知道珍重这份荣耀。您认为《苍穹》[③] 配得上您的年鉴，这令我万分高兴。应您的许可，我把《致聪明的劝告者》[④] 这首诗寄给您。我把它尽我所能地加以舒缓和润色。在这首诗的特质所能承受的范围内，我试图在其中注入一种更为坚定的声调。我还为您附上了一首歌。它是那首经过修改和压缩的致蒂奥提玛的歌，你已经有了。我希望，它或许能以这种形象在您的年鉴里找到一席之地。

您说，我应该离您更近一些，那样的话您就能使我完全理解您了；出自您的这样一席话对我而言是如此意味深长！

但您相信吗，我却不得不对自己说，我不可以靠近您。真的，每当我在您的近旁，您都会使我过于振奋。我还清楚地记得，您的出现是如何总是令我心醉神迷，以至于我第二天整整一天都无法思想。只要我在您面前，心对我来说就太狭小，每当我离开，我就再也无法将它收拢。在您面前，我

---

① "Wanderer"。
② "*Horen*"，席勒于 1795～1797 年主编的文艺杂志。
③ "Äher"，席勒的作品。
④ "An die klugen Ratgeber"。

像是一株刚刚栽到土壤中的植物。正午时必须把它遮盖起来。

您可能会笑话我；但我说的是真话。

荷尔德林

1797 年 8 月大约 15 至 20 日间，法兰克福

爱使人安宁和平静，贪婪使人狂躁和粗暴

致　兄弟

我珍爱的人！

　　发现我的本质在一个像你这样的人的心灵中被如此有影响力、如此友好地接纳，这对于我而言价值非凡。没有什么东西能比一滴清澈纯粹的爱的露珠更令我安宁和平静，正如反之，尽管我尽己所能小心翼翼，但冷漠与隐蔽的对人的征服欲却总是令我过分紧张并煽起我内心生活的过度劳顿与动荡。亲爱的卡尔！如果这发生在有节制的人身上，而且那宁静而持久的火焰令我们振奋，那么在我们所从事的一切事物中这是一种如此美妙的生长，我相信，尤其在所有类型的古老的经典著作中，总会一再发现这一点是普遍的特点。但如果人奋力穿过把他撞得东倒西歪的人群，谁能保持美好的姿态呢？如果世人用拳头捶打他，谁能使他的心保持在美的界线之内呢？我们越是受像一个包围在我们周围、向我们张着

血盆大口的深渊的虚无的诱惑，或者被那些追缠我们的、没有形式的、没有灵魂以及爱的千万桩社会与人的活动某些事物搞得精神涣散，那么来自我们这方面的反抗就注定会越发强烈、越发狂躁并越发粗暴。或者它不必如此。这正是你也在你自己身上体验到的经历，我亲爱的！外在的困苦与贫乏使你的心的丰腴变得不足且匮乏。你不知道，你该怀着你的爱去向何方，不得不因为你的富有而乞讨。我们最为纯洁的品质不会因此由于命运而令我们遭到玷污吗？我们不会注定要无辜地沉沦吗？噢，对此谁知晓一种拯救的方法？人们只能行动，只能让自己由于随便什么材料而疲惫，这样要好得多。但人们因此总是要在自己眼前竖起一个完美的影子（Schatten），眼睛在日复一日地欣赏它。我曾以这样的心境阅读康德。这位伟人的精神仍离我很远。整体对我而言就如同对任何人一样陌生。但我每个夜晚都克服了新的困难；这给予我一种自由的意识；这一对我们的自由和行动的意识（不论它在什么方面表现出来）与更高的、神性的自由的情感有相当深厚的亲缘关系，这一情感同时是最高尚的、完美的情感。即使是在对象本身身上，哪怕它还是如此的残缺不全（fragmentarisch），一旦把某种秩序引入其中，就会有一个完美的影子。某个美丽的、富有女性气质的人通常会在其明快的房间里认为他的世界是什么样的呢?

在席勒的新年鉴里的那首署名为 D. 的《致苍穹》的诗是我写的。你或许会看到它并从中使你的心得到一些满足感。——到威兴根的助理牧师孔兹 [①] 那儿去一趟。与他结识肯定不会令你后悔,我想他也会喜欢上你的。告诉他我最深切的想念,以我的名义感谢他通过诺伊弗尔向我致以的珍贵的问候,以及他对我的《许佩里翁》的友好的反响 [②]。告诉他,我正等待第二卷的出版,好将完整的作品给他寄去,并借这部小书之际向他征询一些我十分关心的问题。——我与当今的那种占主导地位的趣味相当对立,但我将来要减轻一些我的固执,希望自己能够成功。我与克罗朴斯托克的想法一样:

> 只是在游戏的那些诗人,
>
> 他们不知道,他们是何人并且读者是何人,
>
> 真正的读者不是孩子,
>
> 与游戏相比,
>
> 他更喜欢感觉他男子汉的心。

---

① 孔兹（Helfer Conz）, 全名为 Karl Philipp Conz。

② 孔兹在诺伊弗尔面前表达过对《许佩里翁》的肯定意见。他写过一篇对整部小说的赞赏的评论,发表在 1801 年的 *Tübingische gelehrte Anzeigen* 上。

海因瑟,《阿丁赫罗》的作者,在佐莫伶博士[①]那儿以十分鼓励的态度对《许佩里翁》发表了看法。

我下一次会认真并很快答复你的信中要我做回答的其余问题。我现在只能写这么多。只是不要担心,要为某一委托而答谢。那我会是多么渺小!那你对我的作用将会是多么微乎其微!我肯定忠诚于你。因为即使我们不这么叫,我们也是兄弟。

你的

荷尔德林

1797 年 11 月 2 日,法兰克福

----

① 佐莫伶 (Samuel Thomas Sömmerring, 1755—1830),解剖学家、病理学家和外科医生,是那个时代最博学的自然研究者之一。他与 Forster, Heinse 很要好,并与 Goethe, Herder, Kant, wilelm, Alexander von Humbold 等都有联系。

难以摆脱席勒的影响力

致 席勒

又给您寄去几首诗，请您不要把此举视为冒昧；我已经认为自己没有资格奢望得到您的赞许。

尽管我在某些方面很是沮丧，尽管我本身的公正判断令我缺乏信心，但我还是下不了决心，因为惧怕指责而远离那位伟人，我是如此深切地感受到其无与伦比的精神，如果认识了解您所带来的乐趣不和它所造成的痛苦一样大的话，您的威力或许早就令我丧失掉认识理解您的勇气。

您如此透彻地洞察人。因此在您面前不真实既毫无道理也没有必要。您自己知道，每个伟人都会让其他不是伟人的人们不安，而且只有在彼此相当的人中才存在内心的平静与无拘无束。因此请允许我向您承认，为了拯救独立于您的天才的我的自由，我有时会与您的天才进行隐秘的斗争，虽然完全为您所控制的恐惧时常阻碍我带着明快的心情去亲近您，但我永远无法完全远离您的作用范围；我会难以原谅这种背离。这样也好；只要我尚与您保持某种关系，我就不可能变成一个平庸的人，即使从平庸到杰出的跨越比平庸本身更糟糕，然而我在这种情况下仍情愿选择更糟糕的结果。

您的

真正的崇拜者

荷尔德林

1798 年 6 月 30 日，法兰克福

对诗歌矢志不渝

致　诺伊弗尔

最亲爱的诺伊弗尔！

自从上次给你写信以来，我已改变了我的境况，打算在洪堡这儿靠积蓄过一阵子。我来这儿差不多有一个多月了，在此期间我生活平静，忙于我的悲剧、与辛克莱尔交往并享受美好的秋日。我曾因为一些苦难而饱受内心的分裂，以至于我可能应该把这宁静的幸福归功于善良的诸神。

我急切地想知道关于你及你的年鉴的消息。但如果我不亲自到你那儿去取的话，就还得要等待，倒不是因为我认为你漫不经心，而是因为你的信要四周后才能再到我这儿。

我的朋友辛克莱尔因为宫廷事宜要前往拉斯塔特，他建议我与他结伴同行，条件很是优厚。由于辛克莱尔的慷慨，我几乎可以在完全无损于我拮据的经济状况的情况下做此事，也不会完全中断我的工作。因此如果我不同意去的话，那才奇怪呢。

我们今天或是明天启程。

我可能会从拉斯塔特去符滕堡一趟。要是无法成行的话，我会从拉斯塔特去信，如果情况允许的话，请你于约定的日期到诺恩堡，我会去那儿，好再次与你面对面地在一起。能再次与你一起谈论我们共同感兴趣的一切，这真令我无比高兴。——诗歌的生动性是现在常常令我费思量的问题。我如此深切地感到，我离切中这一目标尚有多么遥远的距离，然而我的整个心灵都在竭力为实现这一目标而奋斗，每当我一次又一次地感到我的描述在这方面或是那方面有所欠缺，并且在诗的迷途间四处游荡，却无法从中摆脱时，我常常会禁不住像孩子一般哭泣。啊！从少年时代起，世界就把我的精神逐回到自身之中，我一直为此而痛苦。虽说有一家疗养院，每个以我的方式而遭到不幸的诗人都能荣幸地逃避到那儿——哲学。但我不能放弃初恋和我青春的希冀，我宁愿毫无任何业绩地消亡，也不愿离开那甜蜜的缪斯的故乡，只有偶然曾驱使我从中离开。要是你知道一个能尽快把我引向真理的良策，就请给我。我缺乏的不是力量，而是轻松；不是主题思想，而是细微的变化；不是主调，而是诸多千差万别有序的音调；不是光，而是影，而所有这一切都源于一个原因：我过于惧怕现实生活中的平庸和低俗。如果你愿意，我是一个真正的书呆子。要是我没有搞错的话，书呆子通常都是冷漠无情的，而我的心却如此急切地要与人和物在月光下成为兄弟姐妹。我几乎相信，我是由于纯粹的爱而迂腐，因为害怕现实会干扰我的自我，我并不因此而算是怯懦；但我确实怯懦，因为我害怕现实会干扰我用以把自身与他物联系在一起的那种内在的关切之情；我害怕我内心中的温暖的生活由于岁月冰冷的历史而变冷却，之所以会产生这样的恐惧，是因为我从青年时代起就对我所遭遇的一切毁灭性的事物比其他人更为敏感，而这一敏感性的原因似乎在于，在我不得不经历的诸多体验的关系中，我没有把自身造就得足够坚强和坚不可摧。我清楚这一点。清楚这一点就能对我有帮助吗？我相信不过如此。因为我比其他人更易受到摧毁，因此我就必须更要试图在那些对我有毁灭性影响的事物面前占上风，我不是必须要占据它们本身，我只是要在它们对我的最真实的生活有益的范围内占有它们。当我发现它们的时候，我就必须事先已经把它们当成不可或缺的材料，没有这种材料，我的最内在的心绪将永远无法得以充分地展现。我必须把它们纳入我自身中，以便间或把它们（作为艺术家，如果我有朝一日想成为并且会成为艺术家的话）作为与我的光明加以对比的阴影提举出来，为的将之作为从属性的音调加以再现，我的心灵之音则在这些音调的烘托之下更加生动地凸显出来。纯粹只能在不纯粹中展现自身，如果你试图不夹杂粗俗地表现高贵（das Edle），那么出现在我们面前的高贵将会是最不自然、最荒谬的东西，这是因为，高贵本身正如它所展现的那样，带有孕育其形成的那一命运的色彩；因为美（das Schöne）正如它在现实中展现出来的那样，必然要从它源自其中的诸多情境（Umstände）中接受一种对它而言不自然的形式（Form），只有接纳必然赋予美以这一形式的那些情境，这一不自然的形式才能变为自然的形式。因此，例如如果不看其身处其中的诸多情境，布鲁图斯①的性格是最不自然、最不合情理的，是那些情境把这种严厉的形式强加于他温和的精神气质上的。因此，不夹杂庸俗就无法表现高尚；所以，每当我看到世间的低俗之事，总是对自己说：你需要它就像罐子迫切地需要胶，因此永远都要接纳它，别把它从你身旁推开，不要惧怕它。这或许就是结论。

在我向你讨教的时候，我的那些在一定程度上已为你所知的缺点肯定因此显露无疑，我也想让自己对此有所领悟，

---

① 布鲁图斯（Marcus Junius Brutus，前85—前42），古罗马拥护共和政体的政治家，参与谋反推翻反对共和制的恺撒。

与此同时，我比我想象的陷得更深，你完全理解我的冥思苦想，因此我愿对你承认，几天来我的工作已陷入停顿状态，在这样的时候我总是牢骚满腹。我的那些粗浅的想法也许能促使你更深入地思考艺术家和艺术，尤其去思考我诗歌方面的主要的缺点以及补救的方法，你心地这么好，有机会你会告诉我这一切的。

　　祝安好，最亲爱的诺伊弗尔！我尽快再从拉斯塔特给你写信。

你的

荷尔德林

1798 年 11 月 12 日，洪堡

就主客体、个体与整体之间关系的一些看法

致 伊萨克·冯·辛克莱尔

我珍爱的人！

　　或许是因为我三心二意，因此这么久没给你写信，因为至今我的工作比往常占据了我更多的时间，经过一段中断后，我更喜欢它们了。正像你经常见到的那样，如果你本人在我面前，我会轻而易举地把一切搁置在一旁，但如果那一具有无比威力的在场没有施加其善意的强迫力的话，那么就要慢很多。

　　我十分感谢你的来信。朴姆－艾什的来访令我格外高兴，因为能再次亲眼目睹到一位像他那样的如此纯粹的人并把他的形象和本质更为长久地摄入我心间，这对我而言的确是一个收获。我也很想能再次听到你们的消息。从拉斯塔

特回来后 [①]，我获得了很多信念和勇气。自从我把你与我的新朋友们放在一块加以思考，我看你感觉更清楚而且更有把握。你知道，像我们这样的关系有多么牢靠，确保人们彼此理解并把彼此看得相当清楚。正如发生在我们身上那样，一旦奠定了基础，一个人完全并深刻地感觉到另一个人，尽管世事变幻无常，他定会保持他的天性，在这样的时候爱不会惧怕认识，人们可以说，在这种情况下信仰（der Glaube）与理智（Verstand）一同增长。尽管有悖于所有有迫切需要的信徒的意志，仍然有不止一人，在他身上天性（die Natur）仍呈现出美好的丰溢，我的心灵自然会对此欣喜若狂。除了你的精神（Geist），我现在还能唤来其他人作证，以反驳我自己的充满疑虑的心，这颗心有时想加入没有任何信仰的乌合之众一边，否认活在人们心中的上帝。告诉他们，属于你和我的人，每当我觉得除了我和我挂念的那几个孤独的人之外仿佛只徒有四壁的时候，我时而会想念他们，当恶魔想征服一个人的时候，他们对于我来说就如同一种可以向之乞灵的旋律。我所说的是千真万确的事实，但如果就这么谈论几位杰出的人的话，并非是我的乐事，

---

① 辛克莱尔曾作为特使加入拉斯塔特议会，荷尔德林陪他到那儿去过几个星期。

要是想令我满意，我就得分别给每个人写信，我会感到愉快的。

这几天我读了你的第欧根尼·拉尔修[①]。在此我也体验到了我自己有时遭遇过的情形，在我看来，人的思想与体系的转瞬即逝和交替要比人们通常称之为现实的命运更显得富有悲剧性，我认为这是理所当然的，因为如果人在其最为自我、最为自由的行为中，甚至在最独立的思想中依赖外在的影响，如果他甚至还总是因情境与氛围而有所变化（无论这看起来有多么地没有争议），那么他的自主性何在呢？这样也好，在天地间没有任何力量具有君王般的统制力（monarchisch），这甚至是一切生命和组织的首要条件。绝对的君主制（Monarchie）处处会抵消其自身，因为它没有客体（objektlos）；在严格的意义上说，从来也没有存在过一种绝对的君主制。当万物在活动的时候，它们就会相互钳制（greift ineinander）并要承受痛苦（leiden），人的最纯粹的思想也是如此，最准确地讲是一种先验的、完全不依赖一切经验的哲学，正如你所知，只适于作为一种积极的启示（eine

---

① 第欧根尼·拉尔修（Diogenes Laertius），公元 3 世纪的希腊作家，著有十卷本的《著名哲学家的生活、观点和格言》（*Leben, Ansichten und Aussprüche der berühmten Philosophen*）一书，其中第八卷中的恩培多克勒斯的章节（das Empedokles-Kapitel）是荷尔德林悲剧创作的重要来源。

positive Offenbarung），在启示的时候只有启示者在做着所有的一切，而接受启示的人不允许为了接受启示而有任何的活动，因为否则的话他就已从他那方面对启示有所影响了。

主观与客观、个体与整体的结论就是每个成果和产品，因为个体在产品中所占的份额从来就无法完全与整体在其中所占的份额区分开来，因此可以从中明显地看出，每个个体与整体是多么内在地联系在一起，它们二者何以造就出一个生动的整体（ein lebendiges Ganze），虽然这一整体完全被个体化了（individualisiert）并且由纯粹独立的、但却是内在而永恒地结合在一起的诸多部分所组成。当然，从任何有限的观点来看（ausjedem endlichen Gesichtspunkt），每一种自主的力（Kraft）必定是居统治地位的力（die herrschende），但也只能把它视为暂时并在一定程度上居主导地位……

（未完，此信结尾部分缺失）

1798 年 12 月 24 日，洪堡

关于德意志民族性以及哲学与诗歌的问题

致　弟弟

……

（此信的开头部分缺失）

要是你的命运不迟早发生有利的转变，那我就给予你我最神圣的兄弟的誓言，我将用我和我所拥有的一切为你效劳。然而我请你，我最亲爱的人，尽可能更为乐观地看待你的处境。也让我以你的名义拥有过一些苦涩的体验，请赐与我这样的愉悦，请用你最敏锐的才智理解我想对你说的那句话，请相信我的爱：如果我们让每一个伤害都径直伤及内心，世界就会彻底把我们摧毁；如果最出色的人尚不能及时以冷静的理性，而是以善良的情感接纳人们迫于需要和精神与心灵的脆弱而使其遭受的一切，那么他们注定会以某种方式走向毁灭，即使善良的情感受到伤害，它也无法舍弃它的宽容并会尊重人类的可怜的冒犯，把它们看得很高尚。请相信我，这样说绝不是由于自负，而是由于深深的缺憾之感以及一些模糊的记忆；请相信我，冷静的理性是神圣的盾牌，在世界的战争中它使心灵免遭毒箭的伤害。令我欣慰的是，我相信，可以通过对其价值的认识以及自愿地、持之以恒地练习获得这一冷静的理性，它胜于心灵的任何美德。每当我回顾那些一半可能被我在悲伤与迷惑中丧失，而对你而言却尚未耗尽的岁月，最亲爱的卡尔，我多想用鲜血为你写下来！如果一个人凭借艰苦的努力和千辛万苦做到了这一点，并想到这对于他所爱的另一个人而言也不会更轻松，这会不可思议地触动他。与其说我们是为我们自身而惧怕命运，不如说是为那些我们心中所珍爱的人。——

钟刚敲过 12 下，1799 年开始了。最亲爱的卡尔，祝你以及我们所有人新年快乐！祝德国和世界拥有一个伟大而幸福的新世纪！

我想这样睡去。

——1799 年 1 月 1 日

今天我把我的日常工作搁置一旁，悠闲地陷入各式各样的关于兴趣问题的想法中，目前德国人对思辨哲学并重又对政治读物持有兴趣，而只是在较低的程度上也对诗歌有兴趣。你也许在《汇报》上读过一篇关于德国诗社的诙谐的短文 [①]。首先是这篇文章促使我使然，因为你我目前都甚少从事哲学研究，因而如果我把我的这些想法给你写下来，你会觉得它并非无益。

哲学与政治读物对培养我们的民族有有益的影响，这一点毫无争议，如果我把德意志民族的性格（der deutsche Volkscharakter）从我的很不完善的经验中加以正确概括，那么德意志民族的性格或许比任何其他的民族性格首先更需要那双方面的影响。我认为，德国人的最常见的美德与缺陷可以归为一种相当狭隘的持家之道（Häuslichkeit）。他们处处都与土地相连，大多数人被以某种方式（明显的或隐晦的）束缚在他们的土地上，如果这样下去的话，他们最终必定像那位好心的尼德兰画家一样，被他们喜欢的（道德的和物质的）财富与遗产拖累死。每个人都只是以其出生的地方为家，其兴趣与观念很少能有所超越。因此形成了那种缺乏活力与冲动、把诸力加以多样性发展的缺陷，因此会产生灰暗而蔑视的怯懦或者是胆怯而令人鄙夷的盲目虔诚，他们以此来接

---

① 1798 年 12 月 19 日的斯图加特《汇报》（*Allgemeine Zeitung*）刊登了一篇针对诗刊上诗歌泛滥的讽刺性的文章。

受位于其谨小慎微的狭隘领域之外的一切；因此也存在对共同的荣誉和共同的财富的漠然，当然这种漠然的态度在诸多现代民族中甚是普遍，但在我看来，在德国人中尤甚。正如只喜欢他的小屋的人也生活在自由的田野里一样，因此没有共同的意识和探询世界的开放目光，对每个人而言就不可能存在个人的、特有的生活（Das individuelle eigene Leben），看来，这两者在德国人中的确已相伴消亡，但这并不是在赞同那些有局限性的信徒们，在古人中，当时每个人都全身心地属于环绕着他的世界，在每个个人的性格与境况中可以找到远比在我们德国人中更多的内在关联性，可能没有什么比通过像塔勒斯和索罗①这样的两个高贵的人的例子更能切实地驳斥那出自冷漠的世界主义以及极度夸大的形而上学的矫揉造作的叫嚷，他们两人一同游遍希腊、埃及和亚洲，为的是了解世界各国的宪法与哲人，他们不只是在一方面有共同性，同时也是真正的好朋友，比所有那些彼此相互说教并想说服我们的人更富有人性、甚至更为单纯，为了保存住其自然的状态，人们不可以睁开双眼，不可以对世界敞开心扉，

----

① 希腊唯物主义的自然哲学家和数学家塔勒斯（Thales von Milet，前 625—前 545 年）与雅典的诗人及立法者索罗（Solon，前 640—前 560 年前后）虽然都做过长途旅行，但从未一起同行。关于他们之间的所谓的友谊也未见有流传。荷尔德林在此依循的是 Diogenes Laertius 的描述。

而世界永远值得为之开启心房。

由于目前大多数的德国人都处于这种谨小慎微的狭隘的状态中，因此他们无法体验比新哲学更有益的影响，新哲学极度主张兴趣的普遍性，揭示在人胸怀中的无尽追求，如果它片面地坚持人的天性的极大自主性，那么作为时代的哲学，它确是唯一可行的哲学。

康德是我们民族的摩西，他引导民众走出埃及的颓弱，进入其思辨的自由而孤寂的荒漠，并为他们带来圣山一样充满活力的法则。他们当然总是围着他们的金牛犊①起舞，渴望装满肉的锅。如果他们弃绝饱食之役和那些变得垂死的、冷漠且没有意义的习俗和观点（在这些习俗和观点的埋没之下，他们的更美好和生动的天性正像一个被囚禁在幽深的监牢之中的人，在无声地哀叹），那他定会真的与他们一同游历到某个孤寂之地。从另一方面看，政治读物同样肯定会产生有益的作用，在把我们时代的现象用强有力且熟练的描述方式展现在我们面前的时候尤其如此。人类的视野拓展开来，伴随着审视世界的一般性的洞察力，对世界的兴趣也在形成并增长。就像把兴趣和观点加以普遍化的那一哲学信条一样，拓展的人类社会及其伟大的命运

———————

① 金牛犊是财富的象征。

的观点一定会对共同意识有所促进并超越自身的狭小的生活领域。就如同一位征战的人，如果他与他的军团一同作战，便会感到自己更勇敢且更强大，事实的确如此，人的力量与活跃性就这样以均衡的程度而增长，生命的领域以这一程度在拓展，其间他们感到在协同作战并同舟共济（如果生命的领域没有扩展得如此之广阔，个体会过于淹没在整体之中）。此外，对哲学和政治的兴趣（即使它比现在更普遍和严肃）足以培育我们的民族，希望有朝一日无尽的误解会终止，由于这样的误解，艺术，尤其是诗歌在那些从事它们的人以及想欣赏它们的人那里遭到贬低。关于美的艺术对人的培育所产生的影响已经说过很多，但得出的总是这样的结论，仿佛对此不必认真，这也是很自然的，因为他们没有想过，艺术、尤其是诗歌按其本性来说是什么。人们仅只是触及其（诗歌）平淡的表面，这表面当然无法与其本质相分离，但却不足以形成其完整的特性；人们把它（诗歌）当成游戏，因为它显现在游戏的朴素的形态中，因此即便是以理性的方式也无法从中得出有异于游戏作用——也就是说消遣的作用——的其他作用，而这几乎恰恰是它（诗歌）以其真实的本性而存在的时候所产生的作用的对立物。然后人们聚集在它周围，它给予他们以安宁，不是空洞，而是生动的安宁，在此时所有的力（alle Krä fte）都是活跃的（regsam），只不过由于其内在的和谐，没人认识到这些力是积极的（tä tig）。它（诗歌）向人们靠近并把他们聚拢到一起，但并非像游戏那样，在游戏的时候，每个人都忘记自身，而且没有任何人的生动的特性得以显露，人们只是通过上述方式才联合在一起。

最亲爱的弟弟！你会谅解我的信写得这么慢而且支离破碎。可能极少有人会像我一样，如此艰难地从一种情境（Stimmung）过渡到另一种情境；我尤其无法轻松地从推理思辨中跳出来，进入诗歌当中，反之也是如此。我这几天也收到我们亲爱的母亲的一封来信，她在信中表达了对我笃信宗教的喜悦，此外请我为我们可敬的 72 岁的祖母作一首祝寿诗①，在这封令人无比感动的信中还有一些别的令我动情的事，以至于我把本来可能会用来给你写信的时间大都花在了对她以及对亲爱的你们的思念上。在我收到那封信的当天晚上，我就开始写献给祖母的诗，在子夜时分差不多就完成了。我想，要是我在第二天就把信和诗寄去的话，这一定会让善良的母亲们高兴的。但我当时触到的那些声

①　即那首《我值得景仰的祖母》（*Meiner verehrungswürdigen Groß mutter*）。

音如此强烈地回荡在我心间，与此同时我真切地感觉到那些自从我的青年时代起我就体悟过的情绪和精神的变化，我生命的过去与现在，以至于我此后夜不成眠，第二天要费很大气力来重新集中精神。我现在就是这样。如果你看到这些从诗歌的角度看来如此无足轻重的诗句，你会惊讶，我当时何以会有那般奇妙的感觉。然而我甚至很少说我当时的感觉。有时我就是这样，我把我最生动的心灵献给甚是平淡的词句，除了我没人知道这些词句到底要说什么。

我现在想看看，对于那些我最近想对你说的关于诗歌的看法，我是否还有什么可说的。我说，诗歌把人统一到一起的方式与游戏不同；当它是真实的并真正发挥作用的时候，它把人们统一在一起，带着所有纷繁复杂的苦难、幸福、追求、希冀以及恐惧，带着他们所有的观点和谬误、全部的美德和理念，带着他们中的一切伟大与渺小，不断聚合成一个生动的、有千万个分支的、内在的整体，因为恰恰这个整体才是诗歌本身，有其因，必有其果。不是吗，亲爱的人，德国人需要的或许就是这样的一副灵丹妙药，即便是在经过哲学的疗程之后；因为抛开别的一切不说，哲学—政治的培育本身就蕴含着不当之处，它虽然为了本质的、绝对必要的关系，为了义务与权利，把人联结在一起，但又能为人的和谐做多少呢？按照视觉规则画出的前景、中景和背景还远远不是可以与大自然这幅生动的作品相媲美的风景。但德国人中最优秀的那些人还常常认为，只要世界首先是对称的，那么一切便也会如此。噢，希腊，你带着你的天才和虔诚去了何方？还有我，满怀善良的愿望，用行与思艰难地摸索这个世界上独一无二的人，因为我就像是长着平平的脚掌的鹅站在现代的水域里，无力地向希腊的天空举起双翅，因此我的所为所言常常只会更加笨拙且缺乏神韵。请别对我的比喻见怪。它虽不得当，但千真万确，诸如此类的话在我们中间当然也有，据说也是针对我说的。

万分感谢你对我的那些小诗的鼓励以及你信中的其他一些友好且有力的话语。我们一定要在最危难的关头以及在我们的精神上坚定地同舟共济。我们尤其要满怀着爱与严肃铭记这句伟大的话："我是人，相信人的一切对我来说都不陌生。"[1] 我们不该对这句话漫不经心，它应使我们真实地面对我们自身并目光锐利地、有耐性地面对世界，但我们也不能让任何矫揉造作、夸大其词、虚荣、怪异等空谈妨碍我们，

---

① 原文为拉丁文"homo sum，nihil humani a me alienum puto"，引自 Terenz 的戏剧《自虐者》（*Der Selbstpeiniger*）。

以便竭尽全力去争取，用极度的锐利和温柔来审视，我们是如何把我们以及其他人身上的全部的人性带到越来越自由且内在的联系中，无论是在形象的表现上抑或是在现实的世界中，如果黑暗的王国以强大的威力袭来，那我们会把笔丢到桌下，奔向最危急、最需要我们的地方。祝安好！

你的

弗里兹

1799 年 1 月

1798 年除夕，洪堡

向好友征询对创办诗刊一事的意见

致　谢林

我亲爱的人！

　　我在此期间过于忠诚而且认真地关心你的事业以及对你的赞誉，不该再次提醒你注意我的存在。

　　如果我在此间对你保持沉默，过去的大部分时间的确如此，那是因为我希望有一天能以一种更重要的关系，或者凭借一定程度的、能够以一种更适合的方式来提醒你想起我们的友谊的价值，来面对你这个对我而言至关重要而且越来越重要的人。

　　现在有个请求促使我尽早找你，我即使以这样的面目出现你也不会将我认错。我利用寂寞的时光——自从去年以来我在这里一直生活在孤独中，为的是全神贯注地用集中、独立的力量完成或许比迄今为止更成熟一些的作品。虽然我的大部分时间是为诗歌而生活，然而必要性和兴趣没有让我过于远离科学，以至于我不尝试着培养我的信念，使之更具确定性和完善性，并尽可能将之投入到与当今及过去的世界相结合的运用及反映中。我的思考与研究大都局限于我从事的首要工作——诗歌，只要它是生动的艺术，同时源于天才、经验以及反思，并且是崇高的（idealisch）、系统的（systematisch）、有个性的（individuell）。这促使我思考关于组构（Bildung）以及组构的欲望（Bildungstrieb）、关于这欲望的缘由（Grund）及其使命（Bestimmung）的问题，只要这一欲望是崇高的，只要它在积极地培育人，只要从理想方面看它具有对其根源以及其自身固有本质的意识，并且只要它依从直觉，而在其内容方面却起到艺术以及组构欲望的作用的话，如此等等，那么我相信，我的探索最终使所谓的人道的观点（在审视这一冲动时，只要更注重在人的天性及其发展方向中所具有的统一性与普遍性，而不是区别的话，当然同样不应忽视后者）变得比我迄今所知的更牢固且更广博。这些因素共同促使我筹划一份人文刊物，它的基本特色是诗歌方面的实践（ausübend poetisch），其次也可能从历史与哲学方面对诗歌加以指导（belehrend），总的来说，最终要从人道的观点出发来实施历史与哲学方面的教化。

我可敬的人，请原谅我这笨拙的前言。但对你的敬重不允许我直截了当地对你宣布我的打算，看来我似乎有责任向你汇报一下我的工作，尤其是当我有点担心（根据我迄今为止的成果来看），我现在不再像从前那样拥有你曾对我的哲学和诗的能力（philosophische und poetische Kräfte）所寄予的信任，现在我本该把样稿给你。

　　将你置身在我的较为狭隘的角度，并通过你的名字及参与来认可一项有助于不带任何轻率与调和论调而使人们彼此亲近的工作，对于你这样以罕见的完整性和娴熟性洞悉并掌握人及其诸多要素的本性的人而言，这将是件轻而易举的事。它虽然并不那么严格地操纵并催促各个单一的力、趋向以及其本性的关系，但却会力争以尊重每一种力、趋向以及关系的方式使人们理解并可以感觉到，它们是如何内在地、必然地联系在一起的，如何只能在其卓越性和纯粹性中观察每个单独的因素，为的是要探明，即使另外一方是纯粹的，他们彼此也一点都不矛盾，每一要素的自身中已经蕴含了相互作用与和谐转换的自由要求，在有机体中为所有支脉所共有并又为每一分支所独有的心灵不会让任何个体孤独，脱离有机体的灵魂与没有灵魂的有机体都不可能存在，如果它们两者是分离的、因而并非是以有机的形式而存在的话，那么它们就必须努力有机地结合在一起，在自身中把组构的欲望设定为前提。作为比喻我只说这些。意思是说，没有素材的天才不可能没有经验而存在，没有灵魂的经验不可能没有天才而存在，它们自身中具有培育自身的必要性，通过判断和艺术来建构自身，共同把自身归整成为一个生动的、和谐转换的整体，如果没有其内在的要素——自然的禀赋，天才，或者没有其外在的要素——经验和对历史的学习，那么起组织作用的艺术和组构的欲望（前者源于后者）也不可能存在，甚至是不可想象的。

我只是想对你大致提及一下这份诗刊的最一般的特色，人们称其为它的精神。我将力图在报告和语气里尽可能做到通俗易懂。

把我不得不为自己草拟的方案或者准备的材料向你更明确地逐一说明，这么做我认为不太合适，尽管在另一方面我力图向你证明（只要这么做可行），我的方案并非不缜密或者是轻率，它也可能比我迄今为止的作品更幸运，就我对你的精神和思想的了解和预感程度而言，我至少不会在倾向方面有悖于你。

我企盼你的答复和你对此事的想法，以便能就我自己所能构想的一切向你更详尽地讲述有关这份杂志的精神和编排以及这一刊物可能的和现有的材料。

我青年时代的朋友！无论如何你都能原谅我带着往昔的信赖求助于你，并希望你通过在此事上的参与和加盟让我维持住我的勇气，我可以向你承认，由于我的处境以及其他的一些麻烦，它在其间再三遭受打击。我将竭尽全力，通过我自己的尽可能成熟的作品以及我借以自豪的成就卓著的作家们的友好参与，赋予这份杂志以其所需的价值。但愿你可以对你的良心和观众问心无愧，如果你不能或不愿做得更多，你至少把你的名字和今年的几篇文章交给了杂志。

斯图加特的古籍出版商施泰因考普夫 ① 向我表达过对此事的热情和理解，也许正因为他是个生手，他的态度就表现得更为坚定可靠，他承诺保证每一位参与者的酬劳，我向他提出了这样的条件，至少付给每位参与者一个印张一加洛林的酬劳。即使我打算几乎完全以此并且为此而生活，然而就我本人而言我不认为可以有更多的要求，因为我作为作家还相当不成功，我的有限的生活方式不要求有更多的收入。但他想在多大的程度上给予参与的同事们以例外，这要听凭他

---

① 约翰·弗里德里希·施泰因考普（Johann Friedrich Steinkopf，1771—1852），是一家出版古籍图书的出版社的主人。他已经出版过诺伊弗尔的袖珍本（Taschenbuch），属于符腾堡地区革命－民主人士的圈子。

的感激和聪慧。——请原谅，连这样的事我也要谈及。但因为这与此事有关，因此此事承担着责任，没有这样的一个相应之物，此事就不可能存在。

我可敬的人，劳驾你至少很快以任何一种答复而使我感到高兴，我相信，我一如既往地敬重你，而且越发敬重。

你的

荷尔德林

1799 年 7 月，洪堡

附言：我的出版商明确表示他的恳求与我的一致。

我的地址是：住在法兰克福附近洪堡的格拉瑟尔·瓦格那转交

有意与几位作家一起创办一份诗刊

致 歌德[1]

最值得景仰的人！我不知道，您是否能想起我的名字，阅读一封来信并获悉我的一个请求，这对您而言并不是什么引人瞩目的事。

您的功绩和名望对我求助于您的这件事也许十分有帮助，而且几年以前您亲切友好的样子所给予我的对那难忘的几个小时的回忆也让我坚信，我对您表达我的愿望并得到您善意的答复，并非完全没有希望。我打算（与几个作家一起）出版一份人文刊物，其最本质的特色可能是偏重诗歌，兼顾实践创作与理论指导，诗刊包含有关艺术的共同理念、诗歌创作以及朗诵的特点方面的一般性的论文，而那后一种意图

---

[1] 这封信是一篇没有完成的草稿，因此也没有署名，是否最终完成并寄出不详，歌德是否就是真正的收信人也并不确定。此信同样也有可能是要写给赫尔德或者威廉·冯·洪堡的。编者之所以认为歌德是收信人，是因为草稿中的有些地方与歌德的艺术观点相似。

可能会通过以上的方法来实现，当然这个刊物也注重各种新老大师们的作品，并试图揭示每篇作品何以成为一个完美的、系统化的、有特色的整体，它源自诗人生动的心灵以及围绕在他周围生动的世界，并通过诗人的技巧形成了一个特色的有机体，成为自然中的一员。

（思辨性的文章也可以扩展到关于艺术以及塑造的冲动的问题，杂志的特色总的来说是人文性的。）

我只想向您谈一下这份杂志的精神和特色，希望它至少在倾向性上不要与您相违背。

我的冒昧本身可能向您表明，我多么在意此事，您的加盟令人感到荣幸，这份刊物及公众将由此得到多少收益。要是没有这一切，我肯定不敢向您提这个请求，因为您的一个拒绝的答复或者完全的沉默对我而言意义是如此重大，以至于它会令我无法安心。我将竭尽全力，通过我自己的尽可能成熟的作品以及我借以自豪的成就卓著的作家们的友好参与，赋予这份杂志以其所需的价值。

1799 年 7 月，洪堡

向出版商汇报参与杂志工作的人员的情况

致　弗里德里希·泰因考普夫

……

我之所以把应允过的信耽搁了这么久，只是因为我日复一日地希望能向您列举出参与者的完整人数。我可以确保对您说有如下的人：

孔兹，

容（奥西安的一部作品的翻译者），

索菲·梅雷奥①，

海因瑟（《阿尔丁英雄的》的作者），

内朴教授②（很多有趣的哲学著作的作者），

谢林教授，

---

① 索菲·梅雷奥（Sophie Mereau）

② 内朴（Johannes Neeb, 1767—1843），美茵兹的哲学教授；荷尔德林大约已于1799年底通过容与他结识。

诗歌《内莫西那》手迹

施雷格尔教授 [①]。

我希望很快得到巴黎埃贝尔和洪堡 [②] 的答复。我也同样相信，拉封丹 [③] 不会缺席。您将得到玛蒂逊的答复，因为我听说，他在斯图加特。对席勒的参与我表示怀疑。决定他是否参与以及还促使其他人来参与，这在很大程度上取决于最初几册的特色和内容。

因此他希望，立场鲜明地表明杂志的哲学－诗歌的特色。

劳驾请您让我尽快得知您的决定，以便我不必让参与者们长时间地处于不确定的状态之中，并能给予我的生活以及工作计划以其方向。如果您认为通知有用，接到您的信后我会直接把它按原样给您寄去。

因为您对我表达过特别友好的信任，可能会特意逐步出版我的作品，您也因此会更希望从它们中得到某种其他的价值，而不只是暂时的价值。

---

① 施雷格尔（August Wilhelm Schlegel，1767—1845）自 1778 年起在耶拿做教授。荷尔德林通过谢林得到了他有条件的许诺，谢林可能是应荷尔德林的请求也使索菲·梅雷奥对这份杂志产生了兴趣。

② Steinkopf 希望 Wilhelm von Humboldt 参与杂志的工作。

③ August Heinrich Lafantaine（1758-1831）是一位成功的通俗作家，Steinkopf 也极力推荐他参与杂志的工作。

您或许也能约请豪格①先生写几篇稿？或者如果您觉得好的话，由我来做此事？请您向他引荐我，还有玛蒂逊先生，如果您和他谈的话。

我在此为您附上一位年轻诗人②的一份文稿，正如您将发觉的那样，他在席勒的年鉴里表现得十分出色，而且就我所知，他也得到了席勒本人的好评。您或许想出版它吗？

……

（此信不全）

1799 年 8 月 23 日，洪堡

---

① 豪格（Friedrich Haug, 1761～1829），席勒青年时代的朋友，在斯图加特做图书馆员，以讽刺性的箴言诗作家而闻名。

② 指 Siegfried Schmidt。

创办杂志的计划受挫

致 苏塞特·贡塔德

最可敬的人！

我为何至今没有写信，唯一的原因是我的境况的不确定性。我曾信心十足地（并非没有依据）写信对你提过的那本杂志的计划看来要失败了。我曾那么满怀希望地将我的影响力和生计寄托于此，并以此呆在此地留在你的近旁；我现在必须还得为那些徒劳的努力和希望经受一些糟糕的体验。我拟订出了一个可靠的、并不苛刻的计划；我的出版商想让它更加光彩夺目；我得聘请很多他认为是我的朋友们的著名作家来一同参与，尽管这样的尝试会令我遭受坏的惩罚，但为了不显得固执己见，我还是让自己被蠢人说服，而善良的乐于助人的心令我陷入烦恼之中，我不得不遗憾地把这一烦恼写信告诉你，因为我将来的处境，也就是说在一定程度上我为你而活的生活可能会有赖于此。不仅是那些我可以将自己称作他们的崇拜者而非朋友的

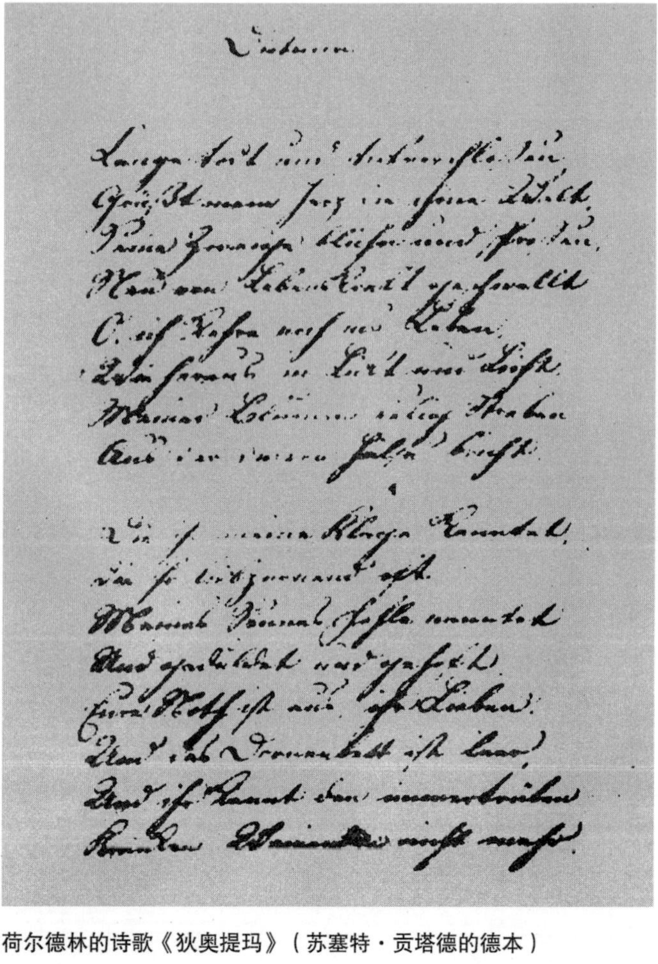

荷尔德林的诗歌《狄奥提玛》（苏塞特·贡塔德的德本）

伟人们，甚至还有朋友们，亲爱的人们！——连这些人都有可能真正忘恩负义地拒绝参与——让我至今没有接到任何答复，我现在整整有 8 周生活在这样的期待和希望之中，我的生存在一定程度上有赖于此。遭受这样对待的原因会是什么，天晓得。人们全都如此以我为耻吗？

高尚的人，然而你的判断以及少数几位同样也真正忠实地投入到我的事情中的人——比如美茵兹的容，我为你附上他的信——的判断向我证实，理智地来看，事情可能不是这样的。名人们的参与本应是我这个可怜的名不见经传的人的招牌，只不过这些人把我晾在那儿，他们为什么不这么做呢？每一个在世间有名望的人似乎都要有损他们的名声；他们已经不再是如此独一无二的偶像；简而言之，我觉得在他们这些我大概可以视之为我的同类的人身上存在着一点匠人的妒忌。但这一见解对我无济于事；为了杂志的筹备工作我失去了将近两个人的时间，为了不再被我的出版界牵着鼻子走，现在除了给他写信以外没有更好的办法可行，问他是否不情愿直接采纳我为杂志确定大多数作品，当然这会令我的生计无论如何都得不到充分的保障。

因此我打算将我所有余下的时间都花在我的悲剧[①]上，

———————

① 指《恩培多克勒之死》（*Der Tod des Empedokles*）。

这大约还要持续一个季度，然后我肯定回家，或者到一个我通过给私人授课（这在这儿是行不通的）或是别的副业可以谋生的地方。

最亲爱的人！请原谅这直截了当的言语！如果我把我的内心对你——亲爱的人——的抱怨宣扬出来的话，向你倾诉不得不说的话，这对我来说只会变得愈来愈困难，在像我这样的命运中，要保持必要的勇气，而又时刻不丧失最内在的生命的温柔之声，这也几乎不太可能。我正是因此直至今日才写信……

（这是一封不全的草稿）

1799年9月下半月，洪堡

把《许佩里翁》赠予好友

致　苏塞特·贡塔德

亲爱的人！这是我们的《许佩里翁》。这颗我们满怀深情的日子结出的果实终将给予你些许欢乐。对不起，狄奥提玛死了。你记得，从前我们对此不能完全取得一致。我相信，按照整体结构，这会是必然的。最亲爱的人！请把关于她和我们以及关于我们生活或所谈论的一切都当作一种感激吧，这一感激表达得越是笨拙，它往往就越真实。假若我可以在你的脚下宁静且自由地逐渐把自己培养成艺术家，那我相信，我会很快成为艺术家的，这是我的心在一切的苦难中梦寐以求的，而且我时常是怀着沉默的绝望来希冀。

我们不该拥有我们可以给予自己的欢乐，这或许值得我们多年来流淌的泪水，但如果我们一定认为，因为我们没有彼此会怅然若失，我们两人或许就必须要带着最旺盛的精力而离去的话，这真是闻所未闻。你看！正是

Wem sonst
als
Dir

献给苏塞特·贡塔德的《许佩里翁》第二卷的题词。

这念头让我有时如此寡言，因为我不得不谨防这样的思想对我的伤害。你的病，你的信——不论我平时是多么地置若罔闻，你一直都在遭受苦难，这再次清晰地映入我的眼帘——我这个男儿对此只能哭泣！——我们把埋藏在我们心间的话隐瞒起来或者是向彼此倾吐，请告诉我，怎样做更好！——为了保护你，我一直都在扮演懦夫——我总是装着可以顺从一切的样子，仿佛我就是被诸多人与事支配的用来玩耍的球，在我胸中缺乏一颗坚定的心，忠诚且自由地以它的权力为其至爱，最宝贵的生命，而跳动！我时常拒绝我的最衷心的爱人，甚至对自己否认对你的思念，只是想为了你的缘故尽可能平缓地经受命运——你也是如此，为了得到安宁，你一直在斗争，平和的人！以英雄的力量忍受着并对无法改变之事缄默不语，把你心中永恒的抉择隐藏并埋葬在你的内心之中，我们因此常常迷惑混沌，我们不再知道我们是什么又拥有什么，几乎连自己都不了解；如果没有神能够缓解这一在内心中的永恒的斗争和矛盾，它肯定会慢慢将你扼杀，那么我除了为你我而枯萎凋零外没有其他选择，或者只重视你而再不顾其他，和你一起探寻一条使我们得以终止这一斗争的路。

我已经想过，我们似乎也可以靠否认而活下去，要是我们坚决地对希望道再见，这或许也能令我们坚强。

……

（此信不全）

1799 年 11 月初，洪堡

关于希腊艺术规则的思考

致 克里斯蒂安·高特弗里德·许茨[①]

最值得景仰的人！请您接受我最真挚的感谢，感谢您为维护一种更优秀的文学所付出的真诚的努力，请您相信，我将用我所拥有的最佳的力量来接受您善意的邀请。

我在此依从的法则是如此纯粹且恰恰发自内心，以至于我可以希望，为您效力对我而言将不会太难。我相信已经领悟到这些法则的意义，并且知道总的来说没有什么可以再补充的了。请您为我安排一个诗歌作品评论方面的职位，我认为自己或许可以胜任这一工作，因为几年来我的思考和观察几乎只专注于此。

---

① 这只是一篇不完整的草稿，发信日期和收信人并不确定，但有几个重要的根据可以断定此信是写给克里斯蒂安·高特弗里德·许茨（Christian Gottfried Schütz，1747—1832）的。许茨自1779年起在耶拿任古典语言教授，并且是《文学汇报》（*Die Allgemeine Literatur-Zeitung*），这份当时最著名的评论杂志的出版人。

195

对希腊人的更为深入的研究有助于我在思考的孤寂中既不过于肯定，又不含糊不定，令我受益的是它而不是朋友间的交往。另外，我取得的研究成果与我所了解的其他结论有相当大的不同。如您所知，人们经常完全误解那些伟大的古人用来区分他们的文学创作（Dichtung）不同种类的严谨性，或者仅仅只注重其表面，认为他们的艺术是经过精心计算的享受，而不是他们在处理神性的事务中肯定会用到的一种神圣的适度得体（Schichlichkeit）。对他们而言，最丰富的精神一定是最崇高的品质。其描述（Darstellung）同样如此。因此在他们的诸多文学创作中会有形式的严谨和鲜明（die Strenge und Schärfe derForm），因此会有他们在较低级的从属性文学种类中用来考察这一严谨性的那种高贵的强暴（Gewaltsamkeit），因此会有他们在较为高级的文学种类中用来避免这一主要性格特征的温柔（Zartheit），恰恰因为这一最高尚的性格特征在自身中不包含任何陌生的、非本质的因素（nichts Fremdes，Auβerwesentliches），因此没有任何强制（Zwang）性痕迹。因此他们用人性的方式表现神性，然而总是避免真正的人的标准，这是当然，因为诗的艺术在其完全的本质上，在其激情振奋以及素朴平实中，都是对神的欣喜的膜拜，从来都不使人成为神，后者是使神成为人，从来都不进行不正当的偶像崇拜，而只是让神和人彼此可以更加靠近。悲剧则从反面表现出这一点。神和人看起来是一体的，紧接着是命运，它引发出人的全部的谦卑和骄傲，并且最终一方面存留下对天神的敬畏，另一方面又把经过净化的情感作为人的财富保留下来。我将依照这样的美学观点——按其表明的观点以及言辞，这些美学观点有意愿、职责和能力，并且可能表达得恰是时宜——力图以对待事物的不可动摇的公正性和尽可能爱护作家个人的方式来评价诗歌作品，我也想，……

（这封信是一篇不完整的草稿）

大约 1799/1800 年冬天，洪堡

和友人谈诗歌创作 ①

致 弗里德里希·埃莫里希 ②

亲爱的兄弟！对我的缄默你还给予足够友好的批评，我请你现在而且永远不会因此误解我。只要我对与我有关的朋友们和所有其他的一切不更轻易地比现在更感兴趣，我就可能会一直出于天生的直觉，依然故我，总是注定要做出某些矜持之举。你不会相信，我一直以来在这方面有着怎样的困苦。任何一种与其他人和事的关系都甚是让我颇费思量，而后，一旦我让任何一种特别的兴趣得以显露或者被谈及，我就会努力把注意力从对其他人和事的关系上离开，关注别的什么事。如果你给我写信，它就会长久地回响，直到我用尽

---

① 此信是一封不完整的草稿，估计是对埃莫里希于 1800 年 3 月 4 日所写的一封来信的答复，这封来信中他表达了对《许佩里翁》第二部分的痴迷。

② 弗里德里希·埃莫里希（Friedrich Emerich, 1773—1802），法学家，1796 年曾加入法国军队的"天才军团"，后来作为美茵兹的指挥官的秘书在市政府任职。荷尔德林可能是通过容（Jung）于 1799 年夏与他结识的。

心机或力量把我的注意力引到其他的事情上，如果我给你写信，那么情况就会更糟；我是一个慢性子的施瓦本人。

你以出版诗歌做出了一个大胆的开端。你以坚定的性格比别人更有权利首先从事有些像赌博的诗歌游戏，并以天才的名义把魔块扔出去。我完全不是借此说仿佛你没有运用你的审慎周密，你的艺术家的意识，你似乎对它相当的不公平，因为它是如此忠实且自然地作为一个在战斗中的可靠武器搬运者为你而效力；我认为，你也可能将求助你全部的趣味，但你肯定没有你的东西。在我们年长的与年轻的诗人们中，还有谁也是这样的呢？事情如目前这样，这要归功于谁？我们冷漠的北方人喜欢让自己处于怀疑和激情之中，以便我们不会由于纯粹的令人心怡的秩序和可靠性安排自己过蜗牛般的生活。

但亲爱的！认真地说，如果你不想拥有更伟大的生涯[①]，你一定要相当认真地从事诗歌事业。在我看来你似乎是诗歌的三位一体——温柔的感受力（zarter Sinn）、力（Kraft）与才智（Geist），你的天性中拥有足够的天国和尘世的因素，为的是用一种如此高贵的艺术把这种如此高贵的生活固定下来并且完好无损地流传给后世。我因此越发重视那种自由的、

---

① 可能指政治生涯。

没有成见的、透彻的艺术理解力，因为我把它看成保护天才免于转瞬即逝的神圣的庇护。

你可能觉得我是一个十足的忏悔者。但为了请求谅解我会说，尽管表面上粗心大意（我迄今为止的作品都是以此态度撰写而成的），然而我却甚是审慎，如果我的确在愤怒中做出了某些革命性的举动，那么罪责既不在我也不在我们最新趣味的诸多片面性。但正如……（原文不详）所言，这对于开端来说可能是好的，你可以比我更好地做这样一个开端。我幸运的是，我看清楚了我在何方，并以此安排和选择我的素材。

……

（这是一封不完整的草稿）

1800 年春，洪堡

对贡岑巴赫一家表示感谢

致 安东·冯·贡岑巴赫①

在我可以口头表达谢意之前，请您允许我对促成一种关系和工作的好心聘任向您致以诚挚的感谢，这对我而言将是如此有利而且重要。您用如此之多我敬重的方式对待我；我只能向您许诺良好的意愿并对我将在您家所尽的义务专注，而且坦诚和忠实；如果您说，您重视我要完成的工作，那么您肯定也知道，将在一个独来独往而且每天都在实践可以获得幸福的最美好家庭中生活，这对我而言是多么地有价值而且有益。即使我只是你们之中的一位观众，一幅如此和睦的图景也会令我满足。请您不要认为这些话语是空洞的言辞。

因为您善意地认为，我总的来说具备胜任教师之职的才

① 贡岑巴赫家族几代以来一直住在豪普特威尔。安东·冯·贡岑巴赫（Anton von Gonzenbach，1748—1819），商人和工厂主，有9个儿女，荷尔德林为其中最年幼的两个女儿（14和13岁）上课。贡岑巴赫肯定是一个有文化和品位的人，而且具有极高的音乐才能。

能，因此我相信，对我来说，特别值得关注的事是能够期待与您会晤。

我希望可以在 1 月份动身。

请您代我向您值得敬重的家庭表示问候。我再次向令公子表示感谢，通过他本人和与他的会晤，他缩短了我远离家乡的朋友和亲人们的距离，并且已经如期望的那样并以如此亲密程度向我证明，生活在一个他如此完美地体现出的家庭圈子中是值得的，对此我或许还要时常感谢他。

你忠诚的

M. 荷尔德林

1801 年 1 月 7 日至 9 日之间，斯图加特

关于人与世界以及国家的关系

致　克里斯蒂安·蓝道尔

我珍爱的人！

　　要是我能在此宁神静思并回顾一下的话，我才会想给你写信，我可以说我希望在目前的境况中生存。

　　与你和其他朋友们的交往给了我实实在在的收益，一种我一直缺乏并将尝试着加以利用的收益。从你们那里我才学会了一种真正的安宁，在人们从真实的表征上认识了人之后，才会以这样的安宁信赖人的内心深处。人们因此也会在生活上以及与其相关的人中更坚定并且更忠诚。

　　我可以很好地把这一点用在我现在生活于其间的那些人身上。依照我最冷静的判断，他们恰恰是我期待的人，这些缜密周全的人，他们如此关心陌生人，仿佛这并没有削弱他们的心，而且这种关心和与人的交往既不勉强又很真实。

　　你们正是因此令我难忘，我在这里的社交圈中度过的那些最美好的时光令我想起你们。

我想亲自问候每一个人并对每个人说，发自我们在斯图加特的共同生活中的美妙的回音是多么真实地陪伴着我，尤其是在旅行期间曾是我的晨曲和夜歌。

站在距此几小时远的阿尔卑斯山前，我仍然总是感到震惊，我的确从未经历过这样的一种印象；它（阿尔卑斯山）像是源自我们大地母亲的英雄般青春的一个美妙传说，令人想起那古老的、形成天地万物的混沌，它在其间安详地俯视，在它的冰雪之上，在晴朗的碧空中，太阳和星辰在白天和黑夜闪烁着光芒。

然后你大概也能够想象得出，在现在，这初春时节，所有的元素多么令我惬意，我的双眼是怎样在山峦、溪流和湖泊间四处流连，因为这是三年来我用自由的心灵和清新的感觉享受到的第一个春天。

可敬的朋友！很长时间以来我一直抱有种种幻觉，它们对于别人和我来说都是负担，对生活之主和我的保护神曾是一种耻辱。我以前总是认为，为了与世界和平共处，为了爱人们并且用真实的眼睛注视神圣的大自然，我不得不屈服，为了对别人有一些作用而丧失自己的自由。我终于感到，只有用尽全部的力才有完整的爱；在我完全纯粹且自由地重新环顾的那些时刻，这令我惊异。人越是对自身确定无疑，越是专注于他最美好的生活，他就越能轻松地从低等的情致（untergeordnete Stimmungen）重新跃回到真正的情致，他的目光也因此必然越发明亮且广阔，他将对世间的于他来说轻松、艰难、伟大和可爱的一切都怀有同情心。

我相信，如果我不是在 14 天前就已经写下这封信的最初几页的话，那我自然会从和平开始谈。和平方面最令我高兴的是，政治局势以及诸多不和谐的状况与它争相扮演重要角色，并且朝着它们特有的单纯的方向做了一个良好的开端；人对国家了解得越少，无论形式如何，他都越是自由，最终这一点是千真万确的。

一定要有强制的法规和这些法规的执行者，这在任何地方都是一种必然的弊端①。我认为，那种道德的风，嫉妒之神，也随着战争和革命而停止，一种比只是僵化的市民气的交往方式更为美好的群体生活会成熟起来！

我可敬的人！如果我繁冗的想法令你无聊，请原谅。我大概可以像是在和自己交谈一样地和你谈心。

如果你宽容大量的话，请一定让我在女士们那里保持美

①　在《许佩里翁》中，荷尔德林表达的是对国家作为一种强制性的机构的拒斥；而在《恩培多克勒》中，荷尔德林又看到国家、法律对于在一种新的相互关系中的未来新共同体的意义。

好的回忆。你们会笑话我，但我仍必须要为那音乐的金色时刻表示特别的感谢！亲切的声音在我心中静眠，当我的内心和周围一片平和与宁静之时，它们偶尔会醒来。

请向所有的朋友问好！我相信，他们了解并感觉得到，我是否忠诚。我一个接一个地与他们交谈；不，我曾经珍视的东西会离开我，这图景。再见！

你的

H.

1801 年 2 月中至月底，豪普特威尔

向朋友倾吐经受的孤独之苦

致　克里斯蒂安·蓝道尔

高贵可敬的朋友！我收到了你的第二封来信，并在你和缓的责备中三次感觉到你对我意味着什么，并且应该继续下去。

我和这儿的邮差还不熟。几个星期以来，我的脑子一直有点乱[①]。

噢！你知道，你能看到我心里，如果我对你说，我怀有一颗心，但却看不出有什么用？我越是长久地对自己隐瞒此事，它就越是强烈地时常涌上心头，没有人同情我，我在这儿根本无法向任何人倾吐心声。

我天生注定孤独，告诉我，这是幸福还是诅咒。为了把

[①]　荷尔德林在最近几个星期一直情绪抑郁，这可能是他日后疾病的征兆，这也可能就是贡岑巴赫(Gonzenbach)于 4 月 11 日辞退他的原因。

我自己解脱出来，我越是想选择境况，只会更加不可抗拒地被推回去！——但愿有一天我能在你们身边！向你们伸出双手！——最好的人！如果你去法兰克福，就想想我！你会吗？希望我永远对我的朋友们有价值。

你的

H.

大约 1801 年 3 月的后半月，豪普特威尔

面临人生的选择

致　席勒

最尊敬的人，我早就希望您再次想起我。我只想事先起草出几篇文稿，好呈递给您。您肯定对我几乎已不抱什么希望了。我想，要是您看到环境的压力并未完全打败我，看到在一定程度上我的生活依然配得上您往日的慷慨，并且我仍然力图继续塑造自我的话，这不会令您觉得不快。现在我必须比我想的要快些动笔。到耶拿，生活在您身边的愿望几乎成了我必须要做的事。我已斟酌利弊，除了让您为我做出抉择外，我已别无他法。没有您的批准，我无法做任何事。

到目前为止，我发现完全独立的工作无法使我获得完全自立的生活。

因此，除了偶有间断外，我主要以教书为生。有大半时间我是在尽义务：当我的举止显得不得当的时候，充分体验别人的不满；或者当我得体的时候，充分体验他们的令人压抑的同情。最可敬的人，在这样的情境里我常常发自内心地感谢那些在与您的交往中您所给予我的愉悦，还没有任何令人不快的时刻能在我的内心中把它抹去。但忍耐对于我来说渐渐演化为激情，在令人疑惑的情况下，我越来越愿意选择那个方向——沿着这一方向走，我越有可能把我生活的本真目的奉献给一项陌生的职责。我现在发现而且对此看得相当清楚，人们可能会选择一条出路，如果不行的话，就会依从下一个安排而生活，错误地天由命就如同极度的愚蠢必定会得到不好的结局。我现在比以往更加强烈地意识到这一点。因为如果没有别的意外，我几个星期后就得作为助理牧师去一位乡村牧师那儿。这并不是说，我为给予这一领域以其可能的价值和愉悦。而是我看到在这种情况下，曾经成为条件的这项工作和整个方式与我的表达方式有如此巨大的反差，由于这一矛盾，我也许必将很快就会丧失我全部传达的天赋。

几年来我一直在研究希腊文学，几乎从未间断过。因为一旦开始，我就无法中断这项研究，直到我重又获得那种在开始时把这一研究工作看得很轻松的自由。我相信，我有能力通过我的研究工作，使那些对此感兴趣的年轻人获益，把他们从死抠希腊字符的劳作中解脱出来，让他们理解这些作家的伟大意义在于他们丰富精神的延续。

我也感到有责任，特别是对必然不同的诸多至高原则和纯粹的方法的必然的一致性做一些思考，在整体关联上并且用合理的界限将之表现出来，这或许对教育领域以及为其所排斥的领域有些许启迪。

最令人景仰的人！我恳请您，用您一贯的善意来读这些迫不得已的自诩之辞，当我在您面前这么坦率、这么长篇大论地谈我自己，请您不要想我已经学会了在一个比我更为高尚的伟人面前否认谦逊。

如果我来耶拿并在那里尝试把我的大部分时间花费在授课上（就我所知，我可以讲授这些课程），我只想坦诚地列举几个使我相信这么做可能并不适宜的理由。

我并不期待有很多听众，然而像这样的讲座通常都有很多听众。我也不希望因此给任何人造成阻碍。

如果您劝阻我这么做，那我会更安心地走另外一条路并会看看我如何坚持我自己。

您不会不屑通过您的关怀照亮我的生活道路，因为我通常不会试图以一种虚荣的方式给予我生活道路一种它不具备的意义。

您愉悦了整个民族但却很少看到这一点。看到在一个景仰您的人身上燃起新的生命之快乐，而这快乐源于您，这对您来说似乎并非完全没有价值。

此刻，在我能够再次与您相见，并怀着我初次与您相遇时所怀有的敬畏问候您的这一时刻，我会忘记许多、许多。

您的荷尔德林

1801 年 1 月 2 日，斯图加特附近的尼尔廷根

谈艺术创作中的"民族性"与学习外来文化问题

致　卡斯米尔·乌尔里希·比伦多夫[①]

我可爱的比伦多夫！

你亲切友好的言词以及言词间流露出你的近况令我十分高兴。

你的《费尔南多》令我的心情轻松了很多。朋友的进步对我是个这么好的征兆。我们拥有一个命运。其中的一人往前走，那么另一个人也不会停滞不前。

我亲爱的人！你在精确性和娴熟的灵活性方面有如此大的提高而又没有丧失热情，相反，就像一把好剑，你精神的韧性在弯曲的训练磨砺中只会显示出越发强劲的韧度。这正是我首先想对你表达的祝愿。没有什么比我们学会自由地运用民族性的东西更难的了。依我看，恰恰是表达的清晰性对

---

① 卡斯米尔·乌尔里希·比伦多夫（Gasimir Ulrich Böhlendorf，1775—1825），曾在耶拿学习法律，1799 年 4 月在洪堡与荷尔德林相识。

于我们而言本来是如此自然，就如同天空的火焰对于希腊人来说是自然而然的一样。正因如此，更有可能在那种你也具有的美的激情方面超越希腊人，而不是在那种荷马式的精神再现以及表现的天赋方面。

这听起来有些荒谬。但我再次坚持这一观点，并提出来供你随意检验和运用：原本是民族性的东西在教化的进步（imFortschritt der Bildung）中其优点会变得越来越少。因此，充满神圣激情的希腊人并非激情的大师，因为这是他们与生俱来的，相反，从荷马开始，他们在表现的天赋方面就十分出色，因为这位非同寻常的人有足够丰富的情感，为他的阿波罗的王国抢夺西方庄严的冷静，并真正把这外来的东西据为己有。

我们正好相反。因此单单只是从希腊的杰出性中概括出艺术准则，这也是很危险的。我在这方面做过很长时间的研究，现在知道，除了那一在希腊人那里以及我们这里都必定是至高无上的准则——即生动的比例以及灵巧——以外，我们可能没有什么东西与他们相同。

但就如同外来的东西一样，对本身固有的东西也必须要加以很好地学习。因此，希腊人对我们来说是不可或缺的。

只是我们恰恰不要在我们固有的民族性方面追随他们，因为，正如开头所言，自由地运用我们本身特有的东西是最难的。

在我看来，你出色的天赋促使你用更为叙事史诗化的方式处理这部戏剧。总的来说，它是一部真正的现代悲剧。我们悄然无息地被装在一个随便什么的容器里，远离生动的王国，而不是在烈焰中耗尽遭受我们无法遏制的火焰的惩罚，这正是我们的悲剧所在。

真的！前者与后者一样打动最内在的心灵。它不是那么辉煌的、但确是一种更为深刻的命运，高尚的心灵也在恐惧与悲悯中陪伴着一个这样的垂死之人，并在怒火中把灵魂高高举起。一位凡人按照我们或者古典的命运死亡，如果诗人像他应该的那样并像你显然所期望的而且在总体上，尤其是在几处经典性的段落中已经做到的那样表现这一死亡的话，那么这个凡人在毁灭之际怀有的最后念头就是崇高的朱庇特：

　一条狭窄的路通向幽暗的山谷，
　　背叛迫使他前往那里。

等等。——你走在正确的路上，坚持住。但我想先好好研究一下你的《费尔南多》并把它牢记在心，然后也许会告诉你一些有趣的想法。不论怎样都不够！

关于我本人、我迄今为止的状况、我在多大程度上对你和我的朋友们有价值且变得更有价值，还有我正在从事的工作以及将要完成的事，无论多么微乎其微，我想下次从你的西班牙邻居，即从波尔多给你写信，下星期我将作为在一个德国新教家庭的家庭教师和私人牧师启程前往那里。在法国、在巴黎，我一定会相当集中精力；我也盼望着看到大海的景色和普罗旺斯的太阳。

噢，朋友！世界在我眼前比任何时候都更明亮、更庄严。是的！这令我欣喜，我喜欢它变化的样子，就仿佛在夏天"年迈神圣的父亲用安详的手从赤云中抖落赐福的闪电"[①]。因为在我所能看到的关于神的一切当中，这在我看来是被选中的标志。我通常会为一个新的真理，一个在我们之上以及我们周围更美好的景象而欢呼，我现在担心，我最终会像那位老坦塔鲁斯[②]一样无法做到这一切，他从神那里获得了比他所

---

① 引自歌德的诗"人类的界限"（"Grenzen der Menschheit"）。

② 坦塔鲁斯（Tantalus）是传说中西皮罗斯的国王，奥林斯众神请他一起共餐，但他冒犯了众神，并为此在阴间赎罪。

能消受的更多的东西。

但我尽力做我能做的事，当我看到，我是如何在我自己的路上也像其他人一样注定要朝那一方向走，我认为，寻找一条或许可以避免遭受一切侵害（Anfall）的路是对神的背弃（gottlos）而且是疯狂的，没有草为死亡而生长。

再见，我亲爱的人！就这样。我现在满怀离别之情。我很久都没哭过了。但当我决定，现在离开我的祖国，也许是永远时，我落下了苦涩的泪水。在这个世界上，我还有什么更热爱的东西呢？但他们不需要我。另外，当心灵和生计的困苦把我逐往奥他海提①，我希望而且注定是德国人。

问候我们的穆尔贝克。他生活得如何？他肯定撑下来了。他与我们在一起。原谅我的忘恩负义。我认出了你们，我看见你们，但却是透过一副黄色的眼镜。我有那么多的话要对你们说，善良的人们！你们也会有话要对我讲。我的比伦多夫，你将来会在何方？然而这是担忧。你如果给我写信，就把信寄往在斯图加特的商人蓝道尔家。他肯定会把信寄给我。

---

① 奥他海提（Otaheiti）——南海的岛屿 Tahiti，像 Tinian 一样，在卢梭的时代被看成天堂。

也告诉我你的地址。

你的

H.

1801 年 12 月 4 日，斯图加特附近的尼尔廷根

报平安

致　母亲

我珍爱的母亲！

您会惊讶，在这个时候收到我的一封来自里昂的信。由于我的旅行护照的原因，我不得不在斯特拉斯堡住了比我估计的还要长的时间，由于洪水和其他一些耽搁了我行程的状况，从斯特拉斯堡到这儿的漫长旅程变得更加漫长。

这是我迄今为止走过的一条艰难而经历体验丰富的路，但我也找到了一些真正的欢乐。我无法隐瞒，我有时会想念你们，你们这些亲人，也想念那个给我勇气的人，他使我坚持到这一时刻并将继续陪伴我。

我知道，从事孤独的研究工作使人越发难以适应广阔的世界；但我想，上帝和一颗诚挚的心会助人一臂之力，还有对他人的谦逊。

亲爱的母亲！经过这漫长寒冷的旅程，我还很疲惫，但现在这里是如此的生机勃勃，以至于人们只会衷心地想念那些熟悉我们，并且可能也很美好的人和事，重新发现自己。

我明天启程去波尔多，会很快到那儿，因为现在路好走些了，河流不再泛滥。

我还得告诉您，是斯特拉斯堡当局向我这个外乡人建议走经过里昂的旅程的。我因此没看到巴黎。但我对此也很满意。

很快正式开始我的工作，这令我高兴。

如果我静下来，我会从波尔多给您和其他的亲人们写更多的信的。

向所有人致以最衷心的问候！

我们的卡尔现在将在尼尔廷根了。当你们在晚上惬意地聚在一起时，请您偶尔想想我。我请亲爱的妹妹回忆那些我们曾拥有过的最美好的时光，还有时而对小家伙提提舅舅。

对一切友善、支持以及关心表示千万次的谢意！祝您安好！

您忠诚的儿子

荷尔德林

1802 年 1 月 9 日，里昂

关于希腊人和古典艺术

致　卡斯米尔·乌尔里希·比伦多夫

我珍视的人：

很久没给你写信了。在此期间我在法国，看到了悲伤、孤寂的大地，法国南方的牧羊人和一个个美景，男人和女人，他们是在对爱国主义的怀疑和对饥饿的恐惧中成长起来的[①]。

遒劲的自然力，天空的火焰，人的宁静，他们在大自然中的生活以及他们的克制和满足久久地感动着我，正如人们跟着英雄颂读，我可以说，阿波罗打动了我。

在与旺代交界的地区，狂野、尚武的精神令我好奇，纯净的阳刚之气，生命之光直接充盈在它的双眼和四肢中，它在死亡的感觉中感觉自身，就如同它在高超的艺术技巧中感觉自身一样，懂得满足它的渴望。

[①]　在法国的某些地区，民众对革命的看法有分歧。

在古典精神的废墟中，南方人的矫健使我更了解希腊人的真正本质；我认识了他们的天性和他们的智慧，他们的躯体，他们在其气候中成长的方式以及他们用来守护其高傲的天赋免受自然力伤害的规则。

这决定了他们的普遍性，他们接受陌生人并向他们敞开心扉的方式，因此他们具有独特的个性，倘若在希腊的意义上最高的知性是反思的力量的话，他们的个性显得栩栩如生，如果我们理解希腊人的英雄般的躯体，那么我们就懂得这一点；正如我们家喻户晓的一样，他们的方式是温柔。

观看古典艺术品①令我产生了一个印象，它不仅使我更加理解希腊人，而且领悟到艺术的极至，艺术即使是在最高速的运动中、在把概念和一切严肃的看法加以现象化的过程中依然维持万物和自身的静止，因此在这个意义上，稳健可靠性是表现手法的最高级的方式。

在经历过一些心灵的震撼和触动之后②，我需要安居一段时日，在此期间我住在我的故乡。

越是研究家乡的大自然，它就越强有力地感动我。雷

---

① 荷尔德林可能在回途中路经巴黎，在那儿见到了古代艺术的原作和青铜雕像。

② 荷尔德林这里所说的"心灵的震撼和触动"指的可能是苏塞特·贡塔德（Susette Gontard）的死，她于1802年7月22日去世。

雨对于我们有些神圣，不仅在其最狂烈的显现中，而且同样在作为力与形象的景象中，在天穹的其余形式中，光发挥着它的作用，构成了民族的准则和命运的方式，它急匆匆地到来和隐退，森林的特征，大自然的不同特点在一个地方汇集，地球上所有的圣地都环绕着一个地方，而现在环绕着我的窗户的哲学之光是我的欢乐；我是如何一路至此，愿我能留住它！

我亲爱的人！我想，我们不会为从古到今直至我们的时代的诗人们做注释，而吟唱的方式将会呈现另一种特征，我们因此并不会流行，因为自希腊人以来，我们重又开始以独特的方式歌唱祖国和大自然。

尽快给我写信。我需要你纯净的声音。朋友间的心灵沟通，艺术家需要在谈话和信件中生发出思想。否则我们没有知音；我们构画出的东西属于神圣的图像。珍重！

你的

H.

大约 1802 年 11 月，尼尔廷根

有关译著的出版

致　弗里德里希·维尔曼斯[①]

尊贵的、最令人敬仰的先生：

非常感谢您对索福克勒斯悲剧的翻译工作给予友善的关切。

因为我从我的朋友席勒那儿尚未得到消息，他想把译著拿到魏玛剧院，所以我更愿走一条稳妥的路，想劳驾您亲自出马。

我很满意，第一卷要在复活节后第三个星期日的年市[②]上才问世，以便事先能有更多的时间写悲剧导言，因为我有足够的材料，导言可能将于今年秋天面世。

由于希腊艺术总是涉及民族习俗和谬误，因而它令我们

---

① Friedrich Wilmans（1764—1830），出版商，先是在布莱梅，自1802年起在法兰克福。他出版了大量早期浪漫派的作品，1805年出版了荷尔德林的《夜歌》（*Nachtgesänge*）。

② 在莱比锡举办的春天的图书博览会。

感到陌生。我希望通过更加突出希腊艺术所否定的东方性和修改其显现的艺术谬误，把希腊艺术比通常更为生动地展现在观众面前。

您友好的来信如此打动我，谢谢您。因为您让我自由抒发，因此我可以比以往更能书写自然和祖国的意义。

此致真诚的敬意！

您最恭顺的臣仆

弗里德里希·荷尔德林

1803年9月28日，斯图加特附近的尼尔廷根

推迟交付译稿

致　弗里德里希·维尔曼斯

值得景仰的人：

对不起，我在翻译索福克勒斯的悲剧译稿的工作上瞻前顾后。在我能更随意地综观译稿时，我还想再修改几处翻译和注释。我觉得《安提戈涅》中的语言不够生动。注释还没充分表达出我对希腊艺术的信念以及剧作的含义。此间我做的仍不够。如果您愿意的话，我想明年下半年或者在适当的时候给您寄一份精心编写的索福克勒斯悲剧导言。

在寄出这份手稿后，我想从我的文稿中挑出小诗编成年鉴直接给您寄去。我有几首诗您可能会喜欢。

我还没给谢林写信。但也想在这星期写。

要是您觉得把这些悲剧译本寄给歌德或是魏玛剧院有什么不便的话，劳驾您对我说。因为我认识歌德本人，由我寄不会有什么不妥的。

有几首较长的诗歌，有 3 至 4 个印张，因为内容直接涉及祖国或时代，所以每首都单独印刷。我也想今年冬天把它们寄给您。

您善意的鼓励令我非常高兴。能和您建立联系，我真觉得是件幸事。

您最忠诚的

荷尔德林

1803 年 12 月 8 日，斯图加特附近的尼尔廷根

想更深入地研究古典艺术

致　雷奥·冯·泽肯多夫 [①]

我可敬的人：

前不久我想去拜访你，但却找不着你的家。我用书信的方式履行一项使命，它使我有必要做此次造访，并寄给你一张带有莱茵河风景的通知。你可能会去参加并且为这项活动找一些参与者。侯爵 [②] 对此很感兴趣。我急于知道他们将怎样退出。是否他们天生纯净而单一，所以双方都带有从属性和独特性的因素。地在良好的平衡中与天相处，即便是光也肯定不会用不正当的、诱人的方式令人迷惑，它以其特殊的比例标示出这种平衡。关键可能取决于艺术作品内部的角度

[①]　雷奥·冯·泽肯多夫（Leo Freiherr von Seckendorf，1775—1809），来自法兰克地区的乌拉德尔，在蒂宾根学习法律，1792 年与荷尔德林在一个具有革命思想的圈子里结识，后来到了耶拿，与辛克莱尔相识。

[②]　指符腾堡的弗里德里希二世。

和其外的铅锤。

巴黎的古典艺术品赋予我对艺术的特别的兴趣，以至于我想在这个领域做更深入的研究。

我也请你对索福克勒斯的悲剧译本感兴趣。法兰克福的同一个出版商维尔曼斯先生已从我这儿把译文交付出版社，译本将于复活节问世。

我目前主要研究寓言、历史的诗学观和天顶的建筑学，尤其是研究民族的东西，只要它与希腊的有区别。

大体上我已理解了英雄们、骑士们和诸侯们的不同命运，他们为何命该如此或者为何表现得对命运充满疑惑。

我的确想过在斯图加特见你并和你谈谈。我们中间有了一位如此博学而有如此充满人情味的男人，我对此很是欣赏。我在给冯·辛克莱尔先生去信讲了这事。

我想还有很多话要对你说。对祖国、对其社会状况以及对其社会不同等级的研究是无尽的、永远年轻的。

愿我们拥有一个充满灵性的美好时代，并愿我们重新找到自身！

我在想象着可能来临的单纯而又宁和的日子。如果祖国的敌人们令我们不安，那就是说缺少了一种用以保护我们且抵抗不属于我们的他者的勇气。再见。

荷尔德林

1804 年 3 月 12 日，尼尔廷根

关于印刷的版式

致 弗里德里希·维尔曼斯

深受敬慕的人：

我已校完《俄底浦斯》的印刷错误。

我更喜欢草印版。可能是因为草印版字母的线条强劲有力，在这样的印刷工艺中能经得起修订，而且以往修订过的草印版比修订过的精印版更易辨认。创作者常会在他的读者面前不好意思，而且会出于礼貌而丧失掉最本质的东西，尤其是体现这种印刷工艺特点的强劲力度。顺便说一句，印刷工艺的这一优点表面看来比实际上丧失得更为严重。

要是这种印刷工艺更有名的话，您也许就把第一版的草稿这么印了，就这么办或是修饰一番呢？

我说这些话的目的是想让您相信我是多么懂得美。过分的修饰只会损伤最初看上去显出的力度。要是人们正对着或是以一个清晰的视角对着书页，就能很好地观赏那些更为有力的线条。

　　我只是在等待着要寄给歌德和席勒先生以及对此感兴趣的其他几个人的那几册书。我想给洪堡亲王夫人寄一本特别的。我不知道，您是否想为此挑选特殊的纸张？

　　我认为我一直在抗拒着离经叛道的激情而写作，并以此获得希腊式的单纯。此外，我也希望坚守这一准则，即使我要以更大的勇气宣讲作为诗人所不许的言论，抵抗离经叛道的激情。

　　我盼望下次给您寄点儿我目前真正重视的东西。

　　我希望，那些使此书得以传播的观点和共同的思想情感能尽快地产生共鸣。

　　在此期间生活愉快，我珍爱的人！

　　　　　　　　　　　　　　　　　　您的

　　　　　　　　　　　　　　　　　朋友

　　　　　　　　　　　　　　　荷尔德林

　　　　　　　1804 年 4 月 2 日，斯图加特附近的尼尔廷根